围炉夜话

[清]王永彬 著
博雅 译注

哈尔滨出版社
HARBIN PUBLISHING HOUSE

图书在版编目（CIP）数据

围炉夜话 / (清) 王永彬著；博雅译注. — 哈尔滨：
哈尔滨出版社，2023.8
ISBN 978-7-5484-7352-7

Ⅰ. ①围… Ⅱ. ①王… ②博… Ⅲ. ①个人—修养—
中国—清代②《围炉夜话》—注释③《围炉夜话》—译文
Ⅳ. ①B825

中国国家版本馆 CIP 数据核字（2023）第 117661 号

书　　名：围炉夜话
WEI LU YEHUA

作　　者：［清］王永彬　著　　博　雅　译注
责任编辑：李维娜　孙　迪
封面设计：仙　境
内文排版：张佳月

出版发行：哈尔滨出版社（Harbin Publishing House）
社　　址：哈尔滨市香坊区泰山路 82-9号　　邮编：150090
经　　销：全国新华书店
印　　刷：三河市兴博印务有限公司
网　　址：www.hrbcbs.com
E-mail：hrbcbs@yeah.net
编辑版权热线：（0451）87900271　87900272
销售热线：（0451）87900202　87900203

开　　本：880mm × 1230mm　1/32　　印张：7　　字数：126 千字
版　　次：2023 年 8 月第 1 版
印　　次：2023 年 8 月第 1 次印刷
书　　号：ISBN 978-7-5484-7352-7
定　　价：39.80 元

前言

《围炉夜话》与《小窗幽记》《菜根谭》是中国人修身养性必读的三本奇书，是中国古典文学宝库中的精华之作。这三部书开阔了我们的视野，让我们多方位、多角度地了解内容丰富、思想广博的中华民族传统文化，故极具教育意义和认知价值。

本版《围炉夜话》共二百二十一则。我们根据原著内容，按照立德、立身、立业三大主题，对原著与译注做了一定的增减与梳理，并适当地加入一些新的审视观点，作了相关的赏析。我们根据内容，或归纳，或摘句，给每一则各取了一个起提纲挈领、警示作用的小题目，希望读者能够从中获得享受生活的智慧，找到寄托精神的支柱，踏上升华感情的航船，领悟处世思想的真谛，从而掌握更多为人处世的方法。

《围炉夜话》是一部文艺的格言集，更是一部人生的格言集。作者在立身处事、德行修养、待人接物、思想境界等方面，都有其独到的见解、深刻的内涵，书中涉及的“修身”“齐家”“治国”“平天下”等道理与我们的日常生活息息相关，使先哲智慧带上浓厚的生活气息和人情味，让读者在轻松愉快中领略深刻的道理。

浮躁、迷惘、空虚、抑郁，这是大多数现代人的通病。如今，有些人看重功名利禄，追求荣华富贵，忽略了自己的身心健康，所以精神时常显得极度匮乏，总是埋怨生活的无聊与苦涩。他们的痛苦，根源在于对物质世界的极力追求而失去了人性的纯洁与生活的清静。

紧张的生活节奏，沉重的生活压力和竞争的生存危机，使我们疲于奔波，失去了些许生活的快乐与幸福。

如果能在百忙之中抽出一些时间来静心翻阅此书，我们的生活将多一些欢乐与充实，领略更多美好。只要我们不妄自菲薄，不轻易放弃，我们每个人都可以从生活中找到一片天幕描绘出自己的生命彩影，找回自己的本真面目。

本书劝勉我们：不论在什么时候，也不要停止对善良、快乐的呼唤。尽管狂躁烦热之时听不到它，但每当夜气清明，它就会回响在每个人的心间。

闲暇之余，不如读读这本修身养性书，读中有悟，以悟促读，来品味生活、体悟智慧。

借此付梓之际，特向中华文化经典的译注者及为本书指点迷津的相关人士，致以最深挚的谢意。

王永彬小传

王永彬（1792-1869），字润芳，号宜山，人多称宜山先生。为南宋孝宗时王刚中之后，其父于清朝乾隆年间定居荆州府枝江县石门坎（今湖北省宜都市枝城镇石门村）。王永彬年少时，一度面临辍学，后发愤始得入县学读书。他不喜科举，很晚才获贡生科名，为修职郎，参与编修同治版本《枝江县志》，担任“分修”。后候选教谕，因深受儒家思想的熏陶，在教学中，先令学生修身，次教其治学，不以科举应试为唯一目的。并能率先垂范，修养己身而后教。同时对于乡人，见善必赏；见过必反复规劝，一定要使其彻底改正。

王永彬涉学广泛，在著述授业之余，经、史、诸子、书法、医学皆习，尤好吟诗，其同郡文友王柏心为其撰写《敕授修职郎宜山王公传》记载：“公著述外，尤好吟咏，与高安周柳溪、彝陵（夷陵）罗梦生结诗社，号吟坛三友。”

王永彬崇尚儒学，所以《围炉夜话》一书中多为儒家学说，故里面不失催人奋进的教育意义。此书中的内容多是由其记录平日家人的有益言行得来。全家人有空时便围坐在一起，谈生活，论人生，让人感叹不已，省心顿悟。

两次鸦片战争，英法联军利用坚船利炮已经打开了清王朝的大门，而王永彬就处于这个战火纷飞的时代。此时，西方文化开始不断冲击着中国传统；国内的太平天国起义，也大大动摇了清王朝的统治，这不仅给中国的政治、经济带来了巨大的影响，也不可避免地使儒家学说遭到了极大冲击。王永彬想借《围炉夜话》，以唤醒人心，摆脱萎靡的生活，重塑自我，救国救民。

《围炉夜话》中所收集的言行多是些大彻大悟的人生格言，可谓集中了儒学思想的精髓，虽也有些在今天看来不合时宜的句子，但只要我们辨明是非，便可拾遗补缺。

目录

立德篇 / 001

立身篇 / 075

立业篇 / 129

立德篇

一、教子弟正大光明　检身心忧勤惕厉

教子弟于幼时，便当有正大光明气象；

检身心于平日，不可无忧勤惕厉功夫。

① 气象：即气概，指人内心外化成的言行态度。

② 检：检讨，反省。身心：身指所言所行，心指所思所想。

③ 忧勤惕厉：担忧不够勤奋，戒惧无所砥砺。

译文

教导子弟晚辈就要从幼年时开始，以便培养他们在为人处事时正直宽大、光明磊落的气概；在日常生活中要时时反省自己的行为思想，切记应保持忧患意识，不能没有自我砥砺的修养功夫。

二、学朋友之长　行圣贤之言

与朋友交游，须将他好处留心学来，方能受益；

对圣贤言语，必要我平时照样行去，才算读书。

①交游：交际，结交朋友。

②好处：优点、长处。

译文

和朋友相与往来，必须仔细观察朋友的优点与长处，用心领会、借鉴，我们才会有所收益；对于古代圣贤之士所留下的话，我们不可敷衍了事，一定要在日常生活中遵循执行，唯有如此，才算是真正体味到书中的教诲。

三、俭以济贫　勤能补拙

贫无可奈惟求俭，拙亦何妨只要勤。

① 惟：只有，只要。

② 妨：障碍，有害。

译文

贫穷到毫无办法的时候，只要厉行节俭，便能够渡过难关；自己愚笨并不可怕，只要付出更多的勤奋与努力，还是能够跟得上别人的。

四、说平常话　做本分人

稳当话，却是平常话，所以听稳当话者不多；

本分人，即是快活人，无奈做本分人者甚少。

①稳当：牢靠而妥当。

②本分：安分守己。

③快活：快乐。

译文

牢靠稳妥的话语，经常是既不吸引人也不令人感到惊奇的话，所以喜欢听这样平实但周全的话的人并不多；一个能安分守己的人，没有不切实际的奢求，所以他们活得很快乐，但可惜这样的人在我们周围却少之又少。

五、处事替人想　读书须用功

处事要代人作想，读书须切己用功。

① 代人作想：替他人设身处地着想；换位思考，想想别人的处境。

② 切己：自己切实地。

译文

处理事情的时候要多替别人着想，而不是只顾自己的方便和利益；读书的时候必须自己切实地用功，因为学问是自己的，别人是不能代读、代学的。

六、信是立身之本　恕乃接物之要

一“信”字是立身之本，所以人不可无也；
一“恕”字是接物之要，所以终身可行也。

① 信：信，诚信。立身：树立人格。
② 恕：宽容，推己及人之心。接物：与人交往。

译文

一个“信”字，是我们树立人格、处世做人的根本，如果一个人失去诚信，他就会孤立无援，所以我们不可丢弃；一个“恕”字，是我们待人接物必不可少的重要品德，如果一个人没有容人之量，他就会变得心胸狭窄，自私自利，所以我们应该终身奉行。

古樹歸鴉圖
八哥解語偏饒舌鸚鵡能言有是非省卻
人間煩惱事斜陽古樹看鴉歸

七、说话致杀身　积财而丧命

人皆欲会说话，苏秦乃因会说话而杀身；

人皆欲多积财，石崇乃因多积财而丧命。

① 苏秦：战国时纵横家，东周洛阳人。口才极佳，游说六国合纵抗秦，使秦国不敢窥函谷关有十五年，后至齐，与齐大夫争宠，被杀。

② 石崇：晋朝著名富豪，南皮人。富可敌国，因生活豪奢遭忌而被杀。

译文

每个人都希望自己有极佳的口才，但战国时期的苏秦就是因为自己口才太好，才招来杀身之祸；人人都愿意自己拥有更多的钱财，可是晋代的石崇却由于积财太多，而惹来杀身之祸。

八、严可平躁气　敬以化邪心

教小儿宜严，严气足以平躁气；待小人宜敬，敬心可以化邪心。

① 严气：刚正之气。躁气：轻率、性急的脾性。

② 敬心：尊重而谨慎的心。邪心：不符合道德规范的心思。

译文

教育自己的孩子应当严格，这样才能用刚正之气来压制住他们浮动的躁气，使他们能够安心学习；对待邪恶阴险的小人，我们可以采取尊重的态度，因为尊重的态度可以感化他们不正的心术。

九、善谋生者修恒业　善处事者审章程

善谋生者，但令长幼内外勤修恒业，而不必富其家；

善处事者，但就是非可否审定章程，而不必利于己。

---

① 谋生：以工作来维持生活。

② 但：仅。恒业：固定的产业、职业。

③ 章程：办理事务的程式和规定。

译文

善于谋生的人，仅能使家中年纪无论大小，事情无分内外，每个人都能够勤奋地完成自己分内的事，而不一定要使家族富贵；善于处理世事的人，只是就事情的是非曲直来审阅评定章程，而不会只从对自己有利的方面去考虑。

十、贪名利而祸至　耐困穷则甘来

名利之不宜得者竟得之，福终为祸；困穷之最难耐者能耐之，苦定回甘。生资之高在忠信，非关机巧；学业之美于德行，不仅文章。

①生资：指人的资质、风度。忠信：忠实诚信。

②机巧：机变取巧。

③德行：道德品行。

译文

得到不该得的名声和利益，起初以为是幸运，福分终究会成为祸患；最难以忍耐的贫穷与厄运坚持过去之后，那么我们就可以得到幸福的甘甜了。人资质的高低取决于他是否忠实诚信，而不是是否善于玩弄手段；人学问的深浅取决于他高尚的道德与品行，而不仅仅靠文章优美与否。

齊白石
九十二歲
尚客京華
白石鐵屋

寄萍堂上老人白石

十一、古君子力挽江河　名节士光争日月

风俗日趋于奢淫，靡所底止，安得有敦古朴之君子，力挽江河；

人心日丧其廉耻，渐至消亡，安得有讲名节之大人，光争日月。

---

① 奢淫：奢侈荒淫。

② 靡所底止：没有止境。靡，无，没有。底，尽头，止境。

③ 敦古朴：不同于流俗，厚道而不浮华。

④ 力挽江河：大力改变现有的不良局面。

⑤ 名节：名誉和节操。大人：这里意同君子。

译文

社会之风日渐追求奢侈浮华，看起来丝毫没有改善的迹象，怎样才能出现一些朴实无华的君子，去改变这江河日下的局面呢？世人清廉知耻之心也快要沦丧殆尽了，何时才能出现些德行高尚有气节的大人物，去唤醒世人的廉耻之心，与日月争辉呢？

十二、心正神明见　耐苦少安闲

人心统耳目官骸，而于百体为君，必随处见神明之宰；人面合眉眼鼻口，以成一字曰苦（两眉为草，眼横鼻直而下承口，乃苦字也），知终身无安逸之时。

---

① 统：统帅，总管。官骸：五官和身体。

② 百体为君：指心为全身之主宰。

③ 神明：人的精神、心思明智如神。宰：治理。

译文

心统治着人的五官和全身，是身体的主宰，所以一定要保持清醒的头脑才不致出现差错。人的面部是由眉、眼、鼻、口等部分组成的，若把两眉看作草头，两眼看成一横，鼻子为一竖，下面承接着口，恰巧看起来很像一个“苦”字，因此便知道了终生没有安逸的时候。

君家書法
筆如椽衣
缽阿翁舊
有傳日滌
硯池揮宿
墨勤從水
裏悟雲煙

十三、人心足可恃　天道有循环

伍子胥报父兄之仇而郢都灭，申包胥救君上之难而楚国存，可知人心之恃也；

秦始皇灭东周之岁而刘季生，梁武帝灭南齐之年而侯景降，可知天道好还也。

① 伍子胥：春秋楚国人，父兄为楚平王所杀，子胥投吴，佐吴王夫差伐楚，五战而破楚都郢，掘平王墓，鞭尸复仇。

② 申包胥：春秋楚国大夫，与伍子胥原为好友，伍子胥奔吴，告申包胥："我必覆楚。"申包胥答之："我心存之。"及吴师伐楚，包胥入秦乞援，依庭墙哭七日，秦乃出兵援楚，楚得以保全。

③ 刘季：即汉高祖刘邦，字季。

④ 侯景：南北朝时人，降梁武帝后又举兵反叛，围梁都建康，陷台城，使梁武帝被逼饿死。

译文

春秋时期的伍子胥为了报父兄之仇，最后终于攻破楚国之都郢而鞭打仇人尸骸；申包胥则发誓救楚国于危难之中，而在秦国的帮助下使楚国免于灭亡的命运，由此可见，只要决心去做事情，就一定能够办到。在秦始皇灭东周的那一年，刘邦出生了；在梁武帝灭南齐的那一年，侯景前来投降了，可见确实有天理循环，报应不爽。

十四、有才如浑金璞玉　为学似行云流水

有才必韬藏，如浑金璞玉，暗然而日章也；

为学无间断，如行云流水，日进而不已也。

---

① 韬藏：掩藏，深藏。

② 浑金璞玉：没有经过提炼的金与未经雕琢的玉，比喻天然的美质，未加修饰。此处形容人的品质淳朴善良。

③ 暗然：不明亮，昏暗的样子。章：同彰，显明之意。

④ 已：停止。

译文

有才能的人必定勤于修养，但又不露锋芒，就如同未经琢磨的金玉，开始并不夺人耳目，但时间长了必将会显露其光彩；做学问一定不能时断时续，而是要像不息的流水和飘浮的行云那样，永不停息。

十五、积善有余庆　积财祸无穷

积善之家，必有余庆①；积不善之家，必有余殃②。可知积善以遗子孙，其谋甚远也。

贤而多财，则损其志；愚昧而多财，则益③其过。可知积财以遗子孙，其害无穷也。

---

①余庆：遗留给子孙的德泽。

②余殃：遗留给子孙的祸患。

③益：增加。

译文

凡做善事的人家，必然遗留给子孙许多的恩泽；而多做恶事的人家，则留给子孙的只能是灾祸。所以我们要多做好事，为子孙后代造福，这才是为他们做长远的打算。圣贤之士有许多的金钱，但这很容易使他们贪图享受而不求上进；愚笨的人拥有很多钱财，这只会助长子孙的过失。由此可知积聚财物留给子孙，带来的祸害是无穷无尽的。

十六、教子严易至成德　姑息者多有败行

每见待弟子，严厉者易至成德①，姑息②者多有败行，则父兄之教育所系也。又见有弟子，聪颖者忽入下流③，庸愚者较为上达④，则父兄之培植所关也。

人品之不高，总为一“利”字看不破；学业之不进，总为一“懒”字丢不开。德足以感人，而以有德当大权，其感尤速；财足以累己，而以有财处乱世，其累尤深。

① 成德：成为有道德的人。

② 姑息：无原则的宽容。

③ 下流：品行卑污，人格败坏。

④ 上达：成为品性高尚的人。

译文

那些平常对待子孙十分严格的人，才容易使子孙养成良好的品德；对待子孙姑息迁就的，子孙大多道德行为败坏，这绝对是与父母的教育分不开的。一些后辈原本聪明，却忽然做了品德低下的事；一些天资原本愚笨的后人，后来却成为品性高尚的人，这都是父兄教导培养的缘故呀！人的品格不清高，是因为无法看透一个“利”字；学问总是没有长进，是因为懒惰而不勤奋所导致。能以道德感化他人，而且又身居高位有权威的人，那么感化他人就更容易了；钱财多了会拖累自己，如果又处在比较混乱的社会时代中，则钱财带来的累赘就更严重了。

十七、读书无论资性高低　立身不嫌家世贫贱

读书无论资性高低，但能勤学好问，凡事思一个所以然，自有义理贯通之日；

立身不嫌家世贫贱，但能忠厚老成，所行无一毫苟且处，便为乡党仰望之人。

① 资性：资质秉性。

② 苟且：不守礼法；随便的行为。

③ 乡党：乡里，泛指乡亲、同乡。

译文

读书不论天赋资质的高低，只要能够勤奋学习，遇有难题肯于请教，任何事情都把它想个透彻，多问个为什么，总有一天能够通晓书中的道理；在社会上立足，就不要害怕自己出身低微，只要为人忠厚老实，做事稳重踏实、一丝不苟，便会成为乡邻们所敬仰的榜样。

十八、乡愿似忠似廉　鄙夫患得患失

孔子何以恶乡愿，只为他似忠似廉，无非假面孔；

孔子何以弃鄙夫，只因他患得患失，尽是俗心肠。

---

① 乡愿：貌似忠厚，实则内怀奸诈心的人。

② 鄙夫：人格鄙陋浅薄的人。

译文

孔子为什么厌恶“乡愿”呢？就是因为他们表里不一，表面看来忠厚廉洁，其实内心里并不如此，可见这种人虚伪矫饰，以假面孔示人；孔子为什么厌弃“鄙夫”呢？就是因为他们不知从大体出发，只是为个人利益斤斤计较，得失心太重，是不知人生内涵的俗物。

十九、精明败家声　朴实福泽长

打算精明，自谓得计，然败祖父之家声者，必此人也；朴实浑厚，初无甚奇，然培子孙之元气者，必此人也。

① 打算精明：这里指工于心计。

② 得计：计谋得逞。

译文

凡事斤斤计较，不肯吃亏的人，自以为很成功，其实败坏了祖宗门风的往往是这种人；诚实朴素，为人厚道的人，看起来没有什么特别之处，其实能够培养子孙淳厚品质、使家门兴旺不衰的又往往是他们。

二十、明辨是非　莫忘廉耻

心能辨是非，处事方能决断；人不忘廉耻，立身自不卑污。

---

① 决断：决定怎么办。

② 卑污：卑鄙污秽。

译文

心中能够辨别什么是对的、什么是错的，处理事情就能毫不犹豫地做出决断；人不忘廉耻之心，在社会上为人处世，自然就不会做出任何卑鄙污秽的事。

二十一、忠孝非伶俐人做得来　仁义有奸恶人藏其中

忠有愚忠，孝有愚孝，可知“忠孝”二字，不是伶俐人做得来；

仁有假仁，义有假义，可知仁义两途，不无奸恶人藏其内。

---

① 愚忠：不明事理地尽忠，忠心到旁人看来是傻子的地步。

② 愚孝：不明事理地尽孝，旁人看来十分愚昧的孝行。

③ 伶俐：灵活、聪明。

译文

有一种忠义被人视为愚忠，有一种孝行被人视为愚孝，由此可知，忠与孝这两种品质，那些精明的人是做不来的；有些仁爱和道义在事实上也是些假仁假义，由此可知，常人所说的仁义之士中，也不见得没有阴险狡诈的小人。

二十二、权势如烟云过眼　奸邪平地起风波

权势之徒，虽至亲亦作威福，岂知烟云过眼，已立见其消亡；

奸邪之辈，即平地亦起风波，岂知神鬼有灵，不肯听其颠倒。

---

①权势之徒：有权力威势可倚仗的人。

②作威福：即作威作福。形容当权者妄自尊大，横行霸道。

③烟云过眼：像烟云在眼前一晃而过。比喻极快消失的事物。

④平地亦起风波：比喻发生意外事故。本文指无端生事。

⑤颠倒：上下倒置。比喻对一般事物的错置。

译文

有权有势的人，即使对至亲至爱的人也会依仗权势作威作福，哪里知道权势是不能长久的，就像烟消云散一般容易；奸邪的人，即使在太平无事的日子里，也会惹事生非，又哪里知道天地间终是有鬼神在暗中默察，邪恶的行径终究要失败。

二十三、富贵可抛　忠孝不忘

自家富贵，不着意里，人家富贵，不着眼里，此是何等胸襟！

古人忠孝，不离心头，今人忠孝，不离口头，此是何等志量！

---

① 不着意里：不放在心上。

② 不着眼里：没有嫉妒心。

③ 志量：抱负和气量。

译文

自身显达富贵了，并不将它放在心上去加以炫耀；别人富贵了，也不将它放在眼里而生嫉妒之意，这是多么宽厚的胸襟和气度！古代的人讲究忠孝两字，并将其常挂心头，不敢忘记去尽忠尽孝，现在也有不少人对忠孝行为赞不绝口，时加提倡，这又是多么高的气量！

二十四、物命固可惜　人心可归正

王者不令人放生，而无故却不杀生，则物命可惜也；

圣人不责人无过，惟多方诱之改过，庶人心可回也。

---

①王者：君王。

②物命：万物的生命。可惜：应该爱惜。

③责：要求。

④庶：庶几，差不多。

译文

作为君王，虽然不命令人多多放生，但是也不会无缘无故地滥杀生命，因为这样至少可以教人爱惜性命；作为圣贤，他们也从来不曾要求别人一定不犯错误，而是以各种方式引导人们改正错误，这样才能使人们由恶转善、改邪归正。

二十五、处事论是非　立言贵平正

大丈夫处事，论是非，不论祸福；士君子立言，贵平正，尤贵精详。

---

① 大丈夫：有志气的男子。

② 士君子：旧指有节操、有学问的人。常指读书人、知识分子。立言：著书立说，树立精要可传的言论。

③ 平正：持论公正，不偏颇。

④ 精详：精细周详。

译文

有志之人处理事情，只问如何做是对的，如何做是错的，并不管这样做自己是祸是福；读书人著书立作，重要的是力求公平正直，如果能进一步精当详尽，那就更为可贵了。

二十六、求科名应舍琴书之乐　讲性命当有济世之才

求科名之心者，未必有琴书之乐；讲性命之学者，不可无经济之才。

译文

有追求功名利禄之心的人，不一定能享受到琴棋书画的乐趣；讲求生命形而上境界学问的人，不能没有经世济民的才干。

---

① 科名：原指科举的名目。此处指科举考试中取得的功名。

② 性命之学：讲求生命形而上境界的学问。

③ 经济：经世济民。

二十七、镇定可止吵闹　淡然消弭毁谤

泼妇之啼哭怒骂，伎俩要亦无多，惟静而镇之，则自止矣；

谗人之簸弄挑唆，情形虽若甚迫，苟淡然置之，是自消矣。

译文

蛮横不讲理的泼妇，任她哭闹、恶口骂人，也不过那些花样，只要我们镇定自若，不去理会她，便会自知没趣而终止；那些搬弄是非、挑拨离间的谗佞小人，虽然有时让我们很窘迫，但如果能淡然处之，置闲言诽语于不顾，那些空穴来风的诽谤自然会停止。

---

① 伎俩：原指技能，现多用于贬义，指把戏、花样。

② 谗人：喜欢用言语毁谤他人的小人。簸弄挑唆：搬弄是非，挑拨离间。

③ 苟：如果。

二十八、救人坑坎中　脱身牢笼外

肯救人坑坎中，便是活菩萨；能脱身牢笼外，便是大英雄。

① 菩萨：梵语中指能救渡众生于苦难迷惑，并引导众生成佛的人；这里比喻心地善良，能解救别人急难的人。

译文

肯尽心尽力救助陷于苦难中的人，就是活菩萨。能不受世俗人性的束缚，超然于俗务之外的人，便可以称之为杰出的人。

二十九、待人要平和　讲话勿刻薄

气性乖张，多是夭亡之子；语言深刻，终为薄福之人。

① 气性：气质性情。乖张：性情乖僻或执拗暴躁。

② 夭亡：短命早死。

③ 深刻：严峻刻薄。《史记·酷吏列传》："是时赵禹、张汤以深刻为九卿矣。"

译文

气质性情怪僻、执拗的人，多数是短命之人；讲话总是过于尖酸刻薄的人，可以断定他是没有什么福分的。

三十、志当高存　心不远骛

志不可不高，志不高，则同流合污，无足有为矣；

心不可太大，心太大，则舍近图远，难期有成矣。

---

① 同流合污：没有原则，常被恶人所同化而跟着做坏事。

② 舍近图远：只想图谋远大的目标，而对就近可以完成的事不屑一顾。

译文

一个人的志向不可不高远，如果志向不高远，就容易被社会的不良习气所影响，从而与庸俗低级混为一体而没有什么作为；心气不能太盛，野心不可太大，如果不从实际出发而好高骛远的话，也很难达到自己希望的成功。

三十一、贫贱不移志　富贵济世人

贫贱非辱，贫贱而谄求于人为辱；富贵非荣，富贵而利济于世为荣。讲大经纶，只是实实落落；有真学问，决不怪怪奇奇。

---

①谄求：阿谀而求之。谄，奉承，献媚。

②经纶：古人整理蚕丝为经，编织为纶，统称经纶。引申为筹划治理国家大事。

译文

贫穷和地位低贱并不是什么耻辱的事，但因为贫穷和地位的低贱去向人献媚奉承，以求得他人的施舍，那才真的很可耻；拥有财富、身份高贵并不是荣耀，富贵了而能造福于社会才值得荣耀。讲求经世治国之道的人，一直都踏实认真；真正有学问的人，一定不会做怪诞不经的事。

三十二、即物穷理　顾名思义

古人比父子为桥梓，比兄弟为花萼，比朋友为芝兰，敦伦者，当即物穷理也；今人称诸生曰秀才，称贡生曰明经，称举人曰孝廉，为士者，当顾名思义也。

---

① 桥梓：又作“乔梓”。用来比喻父子关系。古人以乔木喻父，以梓木喻子，因为乔木高高在上，而梓木低伏在下。

② 花萼：简称萼，花的组成部分之一，由若干萼片组成，包在花瓣外面，花开时托着花冠。花萼喻兄弟，因为同出一枝，彼此相依。

③ 芝兰：香草名。《孔子家语》：“与善人居，如入芝兰之室，久而不闻其香，即与之化矣。”朋友贵在相劝，故以芝兰比喻朋友。

④ 敦伦：即敦睦夫妇之伦，原指古代婚礼的一个环节。这里指的是敦睦人伦。

⑤ 诸生：原指众儒生。明清时期的生员有增生、附生、廪生、例生等名目，通称诸生。秀才：别称茂才。读书人的通称。

⑥ 贡生：明清两代科举制度中，由府、州、县学推荐到京师国子监学习的人。明经：唐制以经义取士，谓之明经。

⑦ 举人：明清时在乡试被录取的人。孝廉：明清举人的雅称。

译文

古代的人把父子比喻为乔木和梓木，把兄弟比喻为花与萼，把朋友比喻为芝兰香草。因此，有心想敦睦人伦的人，由天地万物之理推及世间人伦之理；现在的人称读书人为秀才，称荐入太学的人为明经，称举人为孝廉，读书人可以从这些名称中，明白自己应有的内涵。

三十三、教子弟需以身作则　处小人应平心静气

父兄有善行，子弟学之或不肖；父兄有恶行，子弟学之则无不肖；可知父兄教子弟，必正其身以率之，无庸徒事言词也。

君子有过行，小人嫉之不能容；君子无过行，小人嫉之亦不能容；可知君子处小人，必平其气以待之，不可稍形激切也。

---

①不肖：子不像父，不相似。

②率：做榜样，做表率。

③无庸：不需要，不用。徒事言词：仅仅使用言辞。

④过行：有瑕疵的行为。

⑤激切：激烈直率。

译文

父辈兄长有好的德行，晚辈们有人可能学不像；但如果长辈有不好的行为，晚辈们倒是一学就会，没有不像的。由此可知，长辈教育晚辈，一定要先使自己的品行端正，为他们做好榜样，不能只说空话而不以身作则。有道德的人行为若稍有差错，小人就会因嫉妒而以此作为攻击的把柄；但有德之人即使不犯过失，小人也不见得能容他。由此可见，君子与小人相处，一定要平心静气，不能有过于激烈直率的言行。

三十四、守身思父母　创业虑子孙

守身不敢妄为，恐贻羞于父母；创业还需深虑，恐贻害于子孙。

①守身：爱护自己的身体和节操。

②贻：遗留。

③深虑：慎重地考虑。

译文

一个人谨守自己的行为而不胡作非为，就是担心自己的不良行为会使父母蒙羞；开创事业之时，也一定要深思熟虑，权衡得失，以免将来危害到子孙后代。

三十五、做人不可势利　习业不可粗浮

无论做何等人，总不可有势利气；无论习何等业，总不可有粗浮心。

---

① 势利：对有财有势者卑躬屈膝，而轻视无财无势者。

② 粗浮心：粗疏轻率而浮躁的心。

译文

不论选择什么样的做人方式或是做哪一种人，都不可以有趋炎附势、追逐名利的习气；无论我们选择什么样的事业，同样也不能够有轻率不定的心思。

三十六、不妄自尊大　知奋发图强

知道自家是何等身份，则不敢虚骄矣；

想到他日是那样下场，则可以发愤矣。

---

① 虚骄：没什么真才实学，却妄自尊大。

译文

对自己的能力和内涵的虚实有清醒的认识，就不敢虚浮狂妄、骄傲自大了；想到贪图享受、虚度年华的可悲下场，就会奋发图强地做事了。

三十七、心动于警励　势成于因循

常人突遭祸患，可决其再兴，心动于警励也；

大家渐及消亡，难期其复振，势成于因循也。

---

① 警励：告诫勉励。

② 大家：高门贵族，大户人家。渐及消亡：慢慢地走向衰败颓亡。

③ 因循：沿袭，保守。

译文

平常的人如果突然遭受了灾难或忧患的打击，是可以重整旗鼓、东山再起的，因为突来的灾害可以使他产生警戒心并自我激励；但是，如果一个大家族或者一个团体失去了斗志，意志消沉下去，就很难再有重新振作起来的可能了，因为墨守成规的习性已经养成，是很难改变的。

三十八、生命有穷期　学问无止境

天地无穷期，生命则有穷期，去一日便少一日；

富贵有定数，学问则无定数，求一分便得一分。

---

① 穷期：尽期，完结的时候。

② 定数：气数，犹言“定命”，命运为天所定。

译文

天地万物，无穷无尽，但人的生命却是有限的，只要逝去一天，生命就会减少一天；富贵的家世被命运主宰，但学问却并非如此，只要多下一点功夫，知识就会多增长一分。

三十九、做事问心无愧　立业人尽其才

处事有何定凭？但求此心过得去；立业无论大小，总要此身做得来。

---

①定凭：一定的依据。

②立业：创立事业。

译文

处理事情，并没有判断好坏的统一标准和凭据，只要做到问心无愧就可以了；创立事业，是大是小也没有一定的依据，最重要的是自己要有能力应付就可以。

四十、气性平和　语言质朴

气性不和平，则文章事功俱无足取；语言多矫饰，则人品心术尽属可疑。

---

① 气性：气质，性情。和平：中和平正，心平气和。

② 文章事功：学问和事业的成就。

③ 矫饰：故意做作，多所修饰，而失去本来面目。

译文

一个人如果不能心平气和地待人处事，那么他无论是做学问还是立事业，都不会有什么值得别人效法之处；如果一个人言语故意矫揉造作、虚伪不实的话，那么这个人的品德与心性都是值得怀疑的。

四十一、守拙强于巧伪　交友分清良莠

误用聪明，何若一生守拙；滥交朋友，不如终日读书。

---

① 守拙：以拙自安，不以巧伪与人周旋。

② 滥：不加选择，过度。

译文

把聪明才智用在不该用的地方，还不如一辈子都谨守愚拙；不加选择地结交朋友，倒不如整天闭门读书。

四十二、读书放眼量　做人有立场

看书须放开眼孔，做人要立定脚跟。

---

① 放开眼孔：比喻放开眼界、心胸。

译文

读书须放开眼界和心胸，做人要把握原则、站稳立场。

四十三、持身贵严　处世贵谦

严近乎矜，然严是正气，矜是乖气，故持身贵严，而不可矜；谦似乎谄，然谦是虚心，谄是媚心，故处世贵谦，而不可谄。

---

①严：严谨，庄重。矜：矜持，拘谨。

②乖气：邪恶之气，不正之气。

译文

严谨看起来近似矜持，但严谨是正气所产生，矜持却是邪恶之气所导致，所以律己要庄重严谨而不能够矜持；谦虚有时看起来像是谄媚，但谦虚是心中充实而不自满，谄媚却是讨好于人，所以为人处世贵在谦恭，而不能谄媚。

四十四、财要善用　禄要无愧

财不患其不得，患财得而不能善用其财；

禄不患其不来，患禄来而不能无愧其禄。

① 患：忧虑。　② 禄：俸禄、利禄。

译文

不要忧虑得不到钱财，只怕得到钱财而不能好好地使用；不要担心不能享受厚禄，怕的是有了厚禄却不能无愧地去面对它。

四十五、交朋友益身心　教子弟立品行

交朋友增体面，不如交朋友益身心；

教子弟求显荣，不如教子弟立品行。

① 体面：脸面，面子。

② 显荣：显达荣耀。

译文

如果交朋友是为了给自己争面子，就不如交一些对自己身心有益的朋友；如果教导后辈追求荣华富贵，还不如教诲他们修身立德以树立良好的品格。

四十六、君子如神　小人如鬼

君子存心，但凭忠信，而妇孺皆敬之如神，所以君子落得为君子；小人处世，尽设机关，而乡党皆避之若鬼，所以小人枉做了小人。

---

① 存心：居心，心里怀着的念头。

② 落得：乐得，甘于去做。

③ 机关：计谋，心机。

译文

君子的心地，只凭着诚实守信，即便是妇女小孩都对他极为敬重，视若神明一样，这就是君子甘于去做君子的原因；小人处世，处心积虑，机关算尽，即便是同乡都对其退避三舍，如躲避鬼怪一般，所以小人白白做了小人。

四十七、严于律己　宽以待人

求个良心管我，留些余地处人。

---

① 良心：有良善之心，心地善良。

② 余地：宽裕之处。“留余地”亦即让人。

译文

自己应有一颗善良之心，并严格要求自己不违背它；留一些余地给别人，从而使他们也有容身之处。

四十八、守口如瓶　持身若璧

一言足以召大祸，故古人守口如瓶，惟恐其覆坠也；
一行足以玷终身，故古人饬躬若璧，惟恐有瑕疵也。

①召：同“招”，招惹之意。

②覆坠：倾倒，衰败。

③玷：污辱。

④饬躬若璧：自我修养得像白璧无瑕，毫无污点，守身如玉。“饬”是治理，“躬”指自己。

⑤瑕疵：玉上的斑痕，比喻过失。

译文

一句不谨慎的话就足以招来大祸，所以古人守口如瓶，唯恐有倾覆衰败的危险；一次失误的错事就会使一生的清白受到玷污，所以古人行事谨慎守身如玉，唯恐有一丝瑕疵而使自己抱憾终生。

四十九、不较横逆　安守贫穷

颜子之不较，孟子之自反，是贤人处横逆之方；

子贡之无谄，原思之坐弦，是贤人守贫穷之法。

---

①不较：不计较，胸怀宽广。

②自反：自我反省。

③横逆：横暴无理的行为。

④无谄：无谄媚。

⑤原思：孔门弟子原宪，字子思，清静守节，安贫乐道。坐弦：自在地弹琴取乐。

译文

颜渊对待冒犯自己的人时不与其计较，孟子在遭到别人拒绝时会自我反省，这是君子遇到蛮横无理时的自处之道；面对贫穷困境，子贡不献谄取媚，子思以弹琴自得其乐，这就是贤人对待贫穷的方法。

五十、白云山岳皆文章　绿竹松柏乃师友

观朱霞，悟其明丽；观白云，悟其卷舒；观山岳，悟其灵奇；观河海，悟其浩瀚；则俯仰间皆文章也。

对绿竹，得其虚心；对黄华，得其晚节；对松柏，得其本性；对芝兰，得其幽芳；则游览处皆师友也。

---

①朱霞：红色的云霞。

②灵奇：奇异秀丽。

③黄华：菊花。

④晚节：菊经霜犹茂，以喻人晚年的节操。

⑤芝兰：芝和兰，都是香草名。

译文

观赏彩霞，能感悟到其中的明丽美好；观赏白云，能感悟到它的卷舒自如；观赏山岳，能感悟到它的灵秀雄伟；观赏河海，能感悟到其中广博浩大的气魄。因此，即便在一抬头一低头的工夫也无处不是好文章。面对绿竹，品味到了它的虚心有节；面对菊花，品味到了它的高风亮节；面对松柏，品味到了它的傲然不屈；面对芝兰，品味到了它的芬芳幽远。所以，只要留意深思，游览处样样都是良师益友。

五十一、行善自快乐　奸谋坏心性

行善济人，人遂得以安全，即在我亦为快意；

逞奸谋事，事难必其稳便，可惜他徒自坏心。

---

① 快意：心中十分愉快。

② 逞奸谋事：施展奸诈手段来图谋成事。逞，显露。

译文

发善心做好事帮助他人，从而使其得以安逸保全，自己也会感到心情愉快；使用奸诈手段来图谋成事，事情也未必就能让奸人得了便利，可惜他白白损坏了自己的心性。

五十二、以人为镜　防微杜渐

不镜于水，而镜于人，则吉凶可鉴也；

不蹶于山，而蹶于垤，则细微宜防也。

---

① 镜于水：以水为镜。

② 鉴：明察，审查。

③ 蹶：颠仆，跌倒。

④ 垤：小土堆。

译文

不用水当镜子，而用人当镜子，那么就可以观察出事情的吉凶祸福；没有在高山上跌倒，却跌倒在了小土堆上，这说明对细微之处也是应该加以预防的。

五十三、谨守规模　但足衣食

凡事谨守规模，必不大错；一生但足衣食，便称小康。

① 规模：规制，格局，一定的规则与模式。

译文

凡事只要谨慎地遵守一定的规则和模式，就不至于出现大的差错；一辈子衣食无忧的话，也可称得上是安逸的小康之家了。

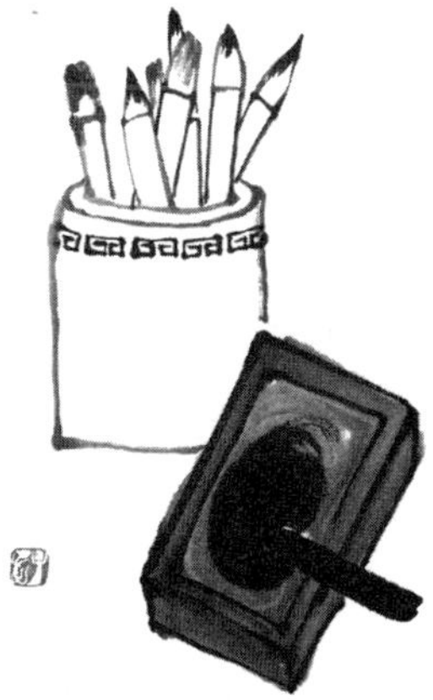

五十四、耐得住烦　吃得了亏

十分不耐烦，乃为人大病；一味学吃亏，是处事之良方。

①不耐烦：不能忍耐麻烦、琐细之事。

译文

为人处世不能忍受其中的麻烦、琐细，则是做人最大的缺点；任何事情都能抱着宁肯吃亏的态度，才是最好的处事良方。

五十五、读书知其乐　为善不邀名

习读书之业，便当知读书之乐；存为善之心，不必邀为善之名。

①邀：求得，邀功。

译文

把读书作为自己的事业，就应该明白读书的乐趣所在；存有行善的心思，却不必刻意求取为善的名声。

五十六、学日进　德日进

知往日所行之非，则学日进矣；见世人可取者多，则德日进矣。

① 非：错谬之处。

② 取：取法。

译文

认识到自己过去做得不对的地方，那么学问就能不断得到进步；看到他人值得学习的地方很多，那么德行就会日益进步。

五十七、敬人即是敬己　靠己胜于靠人

敬他人，即是敬自己；靠自己，胜于靠他人。

① 敬：尊重。

译文

处处尊重他人，便是尊重自己；凡事依靠自己，胜过依靠他人。

五十八、学长者待人之道　识君子修己之功

见人善行，多方赞成；见人过举，多方提醒，此长者待人之道也。

闻人誉言，加意奋勉；闻人谤语，加意警惕，此君子修己之功也。

---

① 过举：有过失的举动，错误的行为。

② 长（zhǎng）者：年龄大且品德高尚的人。

③ 加意：特别注意，特别用心。奋勉：勤奋振作。

④ 谤语：毁谤的言语。

译文

见到他人有好的行为，应多方面赞扬；见到他人有过失的地方，应多方面提醒，这是长者对待他人的方式。听到别人赞美自己的话，应该更加勤奋振作；听到他人诽谤自己的话，就该更加警戒自己的行为，这就是君子修身正己的功夫。

五十九、奢侈悭吝足败家　庸愚精明皆覆事

奢侈足以败家，悭吝亦足以败家；奢侈之败家，犹出常情；而悭吝之败家，必遭奇祸。

庸愚足以覆事，精明亦足以覆事；庸愚之覆事，犹为小咎；而精明之覆事，必是大凶。

---

① 悭吝（lìn）：吝啬，小气。

② 覆事：败坏事情。

译文

奢侈的行为足以使家业败落，吝啬的举动也足以败坏家业；因奢侈而败家，还符合一般常情；而因吝啬败家，一定是因吝啬而遭受意外之祸所引起。愚笨足以败坏事情，而过于精明也会败坏事情；愚笨之人坏事，只不过是小的过失；而因精明坏事，往往会出现很严重的祸患。

六十、安守本业　不入下流

种田人，改习尘市生涯，定为败路；

读书人，干与衙门词讼，便入下流。

---

① 尘市：原指城镇，此处泛指市场上的商业行为。

② 干与：参与。衙门词讼：指替人打官司。词讼，官府的诉讼事务。

③ 下流：地位微贱。

译文

本来以种田为生的人，转而做起了生意，定会遭到失败；本来以读书为主业的人，参与包打官司，就让自己落入了微贱的地位。

六十一、境遇要知足　德业无止境

常思某人境界不及我，某人命运不及我，则可以自足矣；常思某人德业胜于我，某人学问胜于我，则可以自惭矣。

---

①境界：境遇，状况。

②德业：品德和事业。

译文

常想到有些人的处境比不上自己，有些人的命运也比不上自己，就能感到自我满足了；常想到某人的品德比自己高尚，某人的学问也比自己丰富，就会感到内心有种惭愧的感觉。

六十二、舍得钱方为义士　舍得命能为忠臣

读《论语》公子荆一章，富者可以为法；读《论语》齐景公一章，贫者可以自兴。舍不得钱，不能为义士；舍不得命，不能为忠臣。

---

①公子荆:《论语·子路》:“子谓卫公子荆：善居室。始有，曰:‘苟合矣。’少有，曰:‘苟完矣。’富有，曰:‘苟美矣。’”孔子赞美卫公子荆善于治理家产，而且知足常乐。

②法：模式，标准。

③齐景公:《论语·季氏》:“齐景公有马千驷，死之日，民无德而称焉。伯夷、叔齐饿于首阳之下，民到于今称之。”是说齐景公虽有马千匹，死后却无人称赞；伯夷、叔齐宁愿饿死于首阳山下而不食周粟，但死后却被人们一直颂扬至今。

④自兴：自我奋勉。

译文

读《论语》公子荆一章，可以让富有的人效法公子荆对待财富的态度；读《论语》齐景公一章，可以让贫穷的人从伯夷、叔齐对待穷饿的态度中受到启发而奋起。如果舍不得金钱，就不可能成为义士；如果舍不得性命，就不可能成为忠臣。

六十三、富贵需谦恭　衣禄必俭省

富贵易生祸端，必忠厚谦恭，才无大患；

衣禄原有定数，必节俭简省，乃可久延。

---

① 大患：大祸害。

② 衣禄：指一个人的福禄。

③ 久延：长久之意。

译文

荣华富贵容易招来祸患，必须保持忠诚厚道、谦逊恭敬的态度，才能避免大的祸患；衣食福禄本来都有定数，必须俭朴节省，才能保证福禄长久绵延。

六十四、作善降祥　不善降殃

作善降祥，不善降殃，可见尘世之间已分天堂地狱；

人同此心，心同此理，可知庸愚之辈不隔圣域贤关。

①降祥：降下祥瑞。

②降殃：降下灾祸。

③圣域：形容圣人的境界。《汉书·贾捐之传》："臣闻尧舜，圣之盛也，禹入圣域而不优。"贤关：比喻进入仕途的门径。《汉书·董仲舒传》："故养士之大者，莫大乎太学；太学者，贤士之所关也，教化之本原也。"

译文

做善事的人招来祥瑞福报，做恶事就会招来灾祸，由此可知，人间已经有了天堂与地狱的分别；人心是相同的，道理也是相同的，由此可见，愚昧平庸的人并没有被拒之于圣贤境界之外。

六十五、和平处事　正直居心

和平处事，勿矫俗以为高；正直居心，勿设机以为智。

---

① 矫俗：故意违背习俗，标新立异。

② 设机：巧使心机。

译文

要和善稳妥地处理事务，不能把违背习俗当做高明的手段；平日居心要公平正直，不能把使用心机当做聪明才智。

六十六、君子自有法度　圣贤悲悯为怀

君子以名教为乐，岂如嵇阮之逾闲；圣人以悲悯为心，不取沮溺之忘世。

---

① 名教：指以正名定分为中心的封建礼教，即儒教之别名。《世说新语》德行篇："王平子、胡母彦国诸人，皆以任放为达，或有裸体者。乐广笑曰：'名教中自有乐地，何为乃尔也！'"乐广认为，圣人之教中即是一片乐园，不假外求，不必如此放浪形骸。

② 嵇阮：嵇指嵇康，阮指阮籍，皆为竹林七贤之一。逾闲：越出法度。

③ 沮溺：沮指长沮，溺指桀溺，为春秋时避世的隐士。亦泛指隐士。

译文

君子以研习圣贤名教为乐，怎能像嵇康、阮籍那样逾越法度，放浪形骸呢？圣贤应抱有悲天悯人的胸怀，关心民生疾苦，怎能像长沮、桀溺那样消极避世，逃避自己在世间的责任呢？

六十七、勤勉安家　孝悌睦亲

纵子孙偷安，其后必至耽酒色而败门庭；

教子孙谋利，其后必至争赀财而伤骨肉。

---

① 偷安：不管将来的祸患，只求眼前的安逸。

② 败门庭：败坏家风。门庭：家庭或者门第。

③ 赀（zī）财：钱财，财物。骨肉：比喻至亲。

译文

纵容子孙后辈们贪图眼前安逸，必然会导致子孙后辈们沉迷于酒色而败坏门第家风；只教子孙后辈们如何谋取钱财，必然会导致子孙后辈们因争夺财产而骨肉至亲相残。

六十八、沉实谦恭　忠厚勤俭

谨守父兄教诲，沉实谦恭，便是醇潜子弟；

不改祖宗成法，忠厚勤俭，定为悠久人家。

---

① 沉实：稳重笃实。

② 醇潜：性情醇厚而深沉。

③ 成法：原先的法令制度，老规矩。

译文

严格遵循父兄的教导，沉稳诚实，谦虚恭敬，就是一个敦厚的好子弟；不擅改祖宗传下的老规矩，忠诚厚道，勤奋俭朴，一定是家道长久不衰的人家。

六十九、富贵而知收敛　困穷有志振兴

莲朝开而暮合，至不能合，则将落矣，富贵而无收敛意者，尚其鉴之。

草春荣而冬枯，至于极枯，则又生矣，困穷而有振兴志者，亦如是也。

---

①收敛：约束身心。

②尚其鉴之：希望以之为鉴。

译文

莲花早晨盛开而傍晚闭合，到了不能闭合时，就即将凋零了，富贵而不知收敛的人，希望能以此为鉴；草木春天繁盛而冬天枯萎，到了枯萎的极致，就又会重生，身处困境中而能奋起的人，也应该以此为激励。

七十、伐矜自伤　讲求仁义

伐字从戈，矜字从矛，自伐自矜者，可为大戒；
仁字从人，义字从我，讲仁讲义者，不必远求。

---

① 自伐自矜：伐与矜都是自我夸耀之意。《老子》："自伐者无功，自矜者不长。"

② 大戒：重要的鉴戒。

译文

伐字右边是"戈"，矜字左边是"矛"，戈、矛都是用于杀伐的凶器，所以自夸自大的人要引以为戒；仁字旁边是"人"，义字下面是"我"，所以讲求仁爱孝义的人，没必要忽略自己和身边人却到很远的地方去探求。

—— 立身篇 ——

七十一、读书种子　不忘稼穑

家纵贫寒，也须留读书种子；人虽富贵，不可忘稼穑艰辛。

---

①读书种子：指在文化上能承前启后的读书人。

②稼穑艰辛：种植及收割的辛劳。

译文

即使家境贫寒，也应该让子孙读书以传承文化；就算家境富贵，也不能忘记耕种收获的艰辛。

七十二、俭可养廉　静能生悟

俭可养廉，觉茅舍竹篱，自饶清趣；静能生悟，即鸟啼花落，都是化机。一生快活皆庸福，万种艰辛出伟人。

---

① 饶：富有。清趣：清雅的情趣。

② 化机：造化的奥秘。

③ 庸福：平凡人的福气。

译文

勤俭可以培养一个人廉洁的品性，有了这种品性，即使住在茅屋竹棚之中也会富有清雅情趣；静心能生发人的悟性，有这种悟性在，即使飞鸟啼鸣、花开花落，也都蕴藏着造化的美妙机巧。一生快快乐乐只是平凡的福分，历经千辛万苦才能成就一个伟大的人。

七十三、存心方便即长者　虑事精详是能人

济世虽乏资财，而存心方便，即称长者；

生资虽少智慧，而虑事精详，即是能人。

---

①资财：钱财，物资。

②存心方便：处处想着便利他人。

③长者：德行、名望都很高的人。

④生资：天资，禀赋。

译文

虽然没有足够的钱财物资去接济救助他人，但只要处处想着给人方便，就是一位有德的人；天资虽然没有非凡的智慧，但只要考虑事情精细周密，就算得上是能人。

七十四、常怀振卓心　多说切直话

一室闲居，必常怀振卓心，才有生气；同人聚处，须多说切直话，方见古风。

---

① 振卓心：振奋高远的心。

② 生气：活力，生命力。

③ 切直话：正直而恳切的言语。

④ 古风：古代贤人的风范。

译文

独自闲居在一室之内，一定要有振作奋进的心志，才会有蓬勃向上的生命力；与人相处时，需要多说恳切正直的话，才能体现出古人处世的风范。

七十五、虚怀若谷　戒绝骄奢

观周公之不骄不吝，有才何可自矜；观颜子之若无若虚，为学岂容自足。门户之衰，总由于子孙之骄惰；风俗之坏，多起于富贵之奢淫。

---

①周公：周文王姬昌第四子，亦称叔旦。被后世尊为儒学奠基人。不骄不吝：不骄狂，不鄙吝。

②自矜：自夸。

③颜子：即孔子弟子颜回。

④门户：门第，指家庭在社会上的地位等级。

译文

看到连周公这样的贤人都不骄傲不鄙吝，所以有些才能的平凡人又有什么值得骄傲自大的；看到连孔子的弟子颜渊这样的贤人都不张扬不炫耀，平凡人追求学问又怎能自我满足呢。一个家庭的败落，总是因为子孙们的骄傲与懒惰；一个社会风气的败坏，大多源于富贵人家的奢侈淫靡。

七十六、凝天地正气　法古今圣贤

孝子忠臣，是天地正气所钟，鬼神亦为之呵护；

圣经贤传，乃古今命脉所系，人物悉赖以裁成。

---

① 所钟：所聚集，所培植。

② 圣经贤传：圣贤所传下来的经典著述。

③ 人物：指有突出贡献或显著特性的人。裁成：裁剪修成。

译文

孝子与忠臣，都是天地间刚正之气培植而成的，所以连鬼神也呵护关爱他们；圣贤的经传，都是从古至今维系社会的命脉，很多杰出人物都是在这些经典的指导下成长起来的。

七十七、饱暖易气昏志惰　饥寒则神紧骨坚

饱暖人所共羡，然使享一生饱暖，而气昏志惰，岂足有为？

饥寒人所不甘，然必带几分饥寒，则神紧骨坚，乃能任事。

---

① 气昏志惰：意志昏昧，心志怠惰。

② 神紧骨坚：精神抖擞，意志坚强。

③ 任事：担当大事。

译文

人人都羡慕吃得饱、穿得暖的生活，可要是一生都在饱暖中享受，人就会变得昏沉懒惰，这样能有什么大的作为呢？人们都不愿过着饥饿与寒冷的生活，然而只有在带着几分饥寒的生活里，人才会清醒坚毅，从而才能够担当大事。

七十八、愁烦中具潇洒襟怀　暗昧处见光明世界

愁烦中具潇洒襟怀，满抱皆春风和气；暗昧处见光明世界，此心即白日青天。

---

① 潇洒襟怀：豁达而无拘无束的胸怀。

② 春风和气：比喻待人态度和蔼可亲。

③ 暗昧：昏暗，事实隐秘不显明。

④ 白日青天：白天，光明。

译文

人在忧愁与苦闷中如果能具备潇洒磊落的胸怀与气度，那么心中就会充满对人和蔼可亲的态度；人在昏暗不明的环境里如果还能看到光明的一面，心境就会像阳光普照般宽阔明亮。

七十九、势利人装腔作势　虚浮者一事无成

势利人装腔作调，都只在体面上铺张，可知其百为皆假；

虚浮人指东画西，全不问身心内打算，定卜其一事无成。

---

① 装腔作调：故作姿态，矫揉造作。

② 体面：面子，表面。

③ 虚浮：不切实。指东画西：言语杂乱，东拉西扯。

译文

势利的人装腔作势地讨好别人，都只是面子上的表演，由此可知他们的所作所为都是虚假的；不切实际的人指东画西地出谋划策，完全不问自己内心的打算，可以料定他们什么事都做不成。

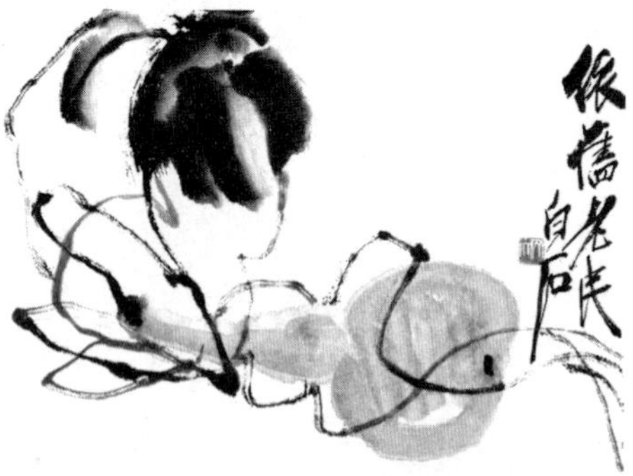

八十、不嫉恨不贪求　培植涵养功夫

不忮不求，可想见光明境界；勿忘勿助，是形容涵养功夫。

---

① 不忮（zhì）不求：不嫉恨不贪求。《诗经·邶风·雄雉》："不忮不求，何用不臧。"是说一个人不陷害人，也不希求非分之财，这种人怎么会做出不好的事情来呢？"臧"是美善的意思。

② 想见：推想而知。

③ 勿忘勿助：即在自我修养的过程中不能忘记逐渐积聚起来的道义，也不能急于求成。《孟子·公孙丑》："必有事焉而勿正，心勿忘，勿助长也。"这是指养气的功夫必定要把集聚道义当作一件事，但不可预先期望效果，只要心里不忘记由它自然生长就是了，也不要因为气不充足，另外想办法帮助它生长。

译文

看到别人努力取得的成就却不嫉恨、不贪求，就可显示出一个人光明无私的心境；在自我修养的过程中不忘记逐渐积聚起来的道义，也不能急于求成，这就体现了一个人不懈地积蓄内在涵养的能力。

八十一、求理难违数　守常能御变

数虽有定，而君子但求其理，理既得，数亦难违；

变固宜防，而君子但守其常，常无失，变亦能御。

---

① 数：气数，运数，命运。

② 理：合于万事万物的道理，法则。

③ 常：常道，恒久不变的规律。

译文

命运中有的东西虽然无法改变，但君子只寻求其中稳定不变的规则，通晓之后，会发现命运也不会摆脱规则的约束；凡事虽然应该防止意外，但君子只要能坚守常道，常道不失，那么再多的变化都能应对。

八十二、和善为祥瑞　骄恶必凶败

和为祥气，骄为衰气，相人者不难以一望而知；

善是吉星，恶是凶星，推命者岂必因五行而定？

---

① 相人者：给人看相测命的人。

② 推命者：给人推算命运的人。五行：金、木、水、火、土。是我国古代的一种物质观。

译文

平和是祥瑞气象的预兆，骄傲是衰败气象的预兆，所以看相的人很容易就看出来；善良是吉星，恶毒是凶星，所以算命的人又何必一定要按照五行的规律来断定吉凶？

八十三、人生须有恒业　日用当昭俭德

人生不可安闲，有恒业，才足收放心；日用必须简省，杜奢端，即以昭俭德。

---

① 恒业：长久营生的产业，稳定的事业。

② 收放心：收回放任的心思和念头。放心，放逸的本心和念头。

③ 昭俭德：显示俭朴的美德。

译文

人生在世不能只满足于安逸闲淡，有了长远的事业，才能收敛住放任自己安于闲适的心思；平常花费必须节俭，杜绝奢侈浪费的苗头，就能显扬勤俭的美德。

八十四、秤心斗胆成大事　铁面铜头真气节

成大事功，全仗着秤心斗胆；有真气节，才算得铁面铜头。

---

① 秤心斗胆：心坚定如秤砣，胆大如斗。比喻一个人心志坚定，胆识远大。

② 铁面铜头：面目坚硬如铁，头颅坚硬如铜。比喻一个人公正严明，不畏权势。

译文

能成就大事业、立下大功劳的人，全要倚仗坚定的意志和过人的胆识；真正有不屈不挠气节的人，才能够做到公正严明，不畏权势。

八十五、责己不责人　信己亦信人

但责己，不责人，此远怨之道也；但信己，不信人，此取败之由也。

---

①远怨：远离怨恨。

译文

凡事遇到过失只责备自己，不责备他人，是远离怨恨的处事方法；遇到事情自以为是，不相信别人的建议，是导致失败的主要原因。

八十六、通达事理　无做作气

无执滞心，才是通方士；有做作气，便非本色人。

---

① 执滞：固执，偏执。

② 通方士：博学而通达事理的方正之人。

③ 做作气：矫揉造作的习气。

④ 本色：本来面目。

译文

没有偏执心态，才是通达事理的方正之人；有矫揉造作的习气，便不是朴实无华的真纯之人。

八十七、天理之心　留名后世

耳目口鼻，皆无知识之辈，全靠着心作主人；

身体发肤，总有毁坏之时，要留个名称后世。

---

①心：心分天理之心、人心，这里所说的心就是指的天理之心。

译文

眼、耳、口、鼻，都是不能思维的器官，它们都要仰仗人的天理之心来支配；身体、四肢、毛发和皮肤，总有毁坏的时候，一定要留个好名声给后世才会不朽。

八十八、后天需努力　小节要谨慎

有生资，不加学力，气质究难化也；

慎大德，不矜细行，形迹终可疑也。

---

① 生资：天赋优良的资质。

② 学力：学习的功夫。

③ 不矜细行：不拘小节，不注意言行的细节。

译文

一个人即使有很好的天赋，如果后天不努力学习，身上的气质也终究难有相应的改进；一个人只在大的德行方面谨慎，却不注意言谈举止的细节，一举一动终究也不能让人心悦诚服。

八十九、忠厚足可信　恬淡趣味长

世风之狡诈多端，到底忠厚人颠扑不破；

末俗以繁华相尚，终觉冷淡处趣味弥长。

---

① 颠扑不破：无论怎样摔打都破不了。比喻理义正当，不会被驳倒推翻。

② 末俗：末世的衰败习俗。

③ 冷淡：不浓艳，素净淡雅。趣味弥长：滋味更耐久。

译文

俗世的风气狡诈阴险多种多样，但忠厚老实的人最终总会立于不败之地；末世的习俗虽然崇尚繁华奢侈，但相比之下，最终却会觉得清冷淡雅的地方趣味深长。

九十、交正直友　近德高人

能结交直道朋友，其人必有令名；肯亲近耆德老成，其家必多善事。

① 直道：行事正直，讲道义。

② 令名：美好的名声。

③ 耆（qí）德老成：德高望重的老年人。耆，旧指六十岁以上的老人，泛指老年人。

译文

能结交正直而讲道义的朋友的人，必定有很好的声誉；愿意亲近德高望重的长者的人，家中必定会常做善事。

九十一、解人纷争　劝说因果

为乡邻解纷争，使得和好如初，即化人之事也；

为世俗谈因果，使知报应不爽，亦劝善之方也。

① 化人：感化他人。化，感化，化育。

② 世俗：指代平凡人。因果：佛教语。谓因缘和果报。

③ 不爽：没有差错。爽，差失，不合。

译文

帮助同乡和邻居们排解纷争，使他们如当初一样友好相处，是感化教育人的善事；给普通人讲解因果轮回的道理，让大家知道因果报应从来没有差错，也是劝导人心向善的方法。

九十二、前程靠努力　福寿赖积德

发达虽命定，亦由肯做功夫；福寿虽天生，还是多积阴德。

---

① 命定：命运安排好的，命中注定。

② 阴德：暗中做有德于人的事。

译文

一个人的富贵发达虽然说是命中注定的，但也要他自己愿意努力奋斗才行；一个人的福气寿命虽然说是上天决定，但也要他自己暗中多做有德于人的事才好。

九十三、百行孝当先　万恶淫为首

常存仁孝心，则天下凡不可为者皆不忍为，所以孝居百行之先；

一起邪淫念，则生平极不欲为者皆不难为，所以淫是万恶之首。

---

① 百行：各种品行、德行，一切行为。

② 邪淫：邪恶纵逸。

译文

人心中存有仁爱孝敬之心，那么天下任何不能做的事，都不会忍心去做，所以说孝排在各种德行之前；人一旦起了邪恶淫逸的念头，那么生平极其不齿的事，就都不难做了，所以说淫排在各种罪恶行径之首。

九十四、自奉减几分　处世退一步

自奉必减几分方好，处世能退一步为高。

① 自奉：对待自己。这里指自身日常生活的供养。

译文

人的日常生活的花费一定减少一些才是明智的做法，人的立身处世能够懂得容忍退让才算得上高明。

九十五、守分安贫　持盈保泰

守分安贫，何等清闲，而好事者偏自寻烦恼；
持盈保泰，总须忍让，而恃强者乃自取灭亡。

① 持盈保泰：事业处于极盛时，不骄傲自满，谦虚谨慎以保平安。

译文

能持守本分，安贫乐道，这是多么清闲自在的境界呀，而好生事端的人却偏偏要自寻烦恼；在事业昌盛时谦虚谨慎，注意容忍谦让，而倚仗强势的人就等于自取灭亡。

九十六、境遇无常须自立　光阴易逝早成器

人生境遇无常，须自谋吃饭之本领；人生光阴易逝，要早定成器之日期。

---

① 境遇：环境的变化和个人的遭遇。

② 成器：成为可用之器，即指一个人能有所成就的意思。

译文

人的一生境况遭遇是难以预料的，需要早点谋求可以养活自己的本领；人生在世的时间短暂易逝，应该早日确立志向并且不懈努力。

九十七、川学海而至海　莠似苗而非苗

川学海而至海，故谋道者不可有止心；

莠非苗而似苗，故穷理者不可无真见。

---

① 谋道：追求学问及人生的道理。

② 莠：妨害禾苗生长的草，很像谷子，俗名狗尾草。

③ 穷理：探究事物之中的真理。

译文

河川学习大海的兼容并包最后才能汇流入海，所以追求学问和道理的人不能有怠惰和满足的心态；狗尾草不是禾苗却长得极像禾苗，所以探究事理的人不能没有辨别能力和真知灼见。

九十八、守身必谨严　养心须淡泊

守身必谨严，凡足以戕吾身者宜戒之；

养心须淡泊，凡足以累吾心者勿为也。

---

① 守身：持守自身的行为、节操。

② 戕（qiāng）：伤害，损害。

译文

保持自己的人格气节必须谨慎严格，凡是会损害自己操守的事都要杜绝；要以淡泊寡欲涵养自己的心志，凡是那些拖累我们心志的事都不能做。

九十九、名声在德行　信任看行动

人之足传①，在有德，不在有位；世所相信，在能行，不在能言。

---

① 足传：值得让人传颂称赞。

译文

一个人的名声被传颂赞扬，在于他有高尚的德行，而不在于有多高的地位；能够被世人信任的人，主要看的是他能否踏实做事，而不是看他是否能说会道。

一百、有誉言不如无怨言　谋产业不如习恒业

与其使乡党有誉言，不如令乡党无怨言；

与其为子孙谋产业，不如教子孙习恒业。

① 誉言：称誉的言辞。

② 产业：田地、房屋等能够生利的叫作产业。

③ 恒业：可以长久谋生的事业。

译文

与其刻意追求让乡邻们赞誉自己，不如谨守自己的德行让他们没有怨言；与其替子孙谋求财富产业，不如教导他们好好学习长久的谋生技能。

一百零一、多记先贤格言　闲看他人行事

多记先正格言，胸中方有主宰；闲看他人行事，眼前即是规箴。

① 先正：泛指前代的贤人。格言：含有教育意义的精练的话。

② 规箴：指可以规正行为的劝勉告诫或道理。规，画图的器具，箴，具有规劝性质的文体。

译文

多多记诵前代圣贤之士留下的警世格言，胸中才有坚定的准则；闲暇时多观察他人待人接物的方式，便可随时拿来作为是非得失的劝勉告诫。

一百零二、精勤可企而及　镇定非学而能

陶侃运甓官斋，其精勤可企而及也；

谢安围棋别墅，其镇定非学而能也。

---

① 陶侃：鄱阳人，东晋时期名将，大司马。为人明断果决，任广州刺史时，经常运砖修习精勤。甓（pì）：砖的一种。

② 可企而及：能够做到。

③ 谢安：原籍阳夏人，迁居会稽，东晋宰相。淝水之役，前秦苻坚投鞭断流，人心为之惶惶，当时谢安为征讨大都督，丝毫不惊慌，闲时仍与友人在别墅下棋，镇定如常，最后他的侄儿谢玄大破苻坚于淝水。

译文

东晋名臣陶侃闲暇之时在官署内外搬运砖块，这种精勤，我们有希望通过效法赶上；谢安面临大敌依然在别墅内从容不迫地下棋，这种镇定的功夫却不是仅仅效法能学得来的。

一百零三、患我不肯济人　使人不忍欺我

但患我不肯济人，休患我不能济人；须使人不忍欺我，勿使人不敢欺我。

---

①济人：救济别人。

译文

只怕自己不肯发仁善之心帮助他人，不要担心自己没有能力帮助他人；要让别人因为自己的德行而不忍心欺负自己，不要让他人因为畏惧而不敢欺负自己。

一百零四、能读书即有福　教子弟即创家

何谓享福之人？能读书者便是；何谓创家之人？能教子者便是。

---

①创家：创立家业。

译文

什么样的人算得上是享福的人？能读书并能从中得到快乐的人就是享福的人。什么样的人算得上是创立家业的人？会教导子弟的人就是创立家业的人。

一百零五、教子勿溺爱　子堕莫弃绝

子弟天性未漓，教易行也，则体孔子之言以劳之（爱之能勿劳乎），勿溺爱以长其自肆之心。

子弟习气已坏，教难行也，则守孟子之言以养之（中也养不中，才也养不才），勿轻弃以绝其自新之路。

① 漓（lí）：浅薄。

② 体：亲身体验，领悟。

③ 自肆：自我放纵。

译文

当子弟们尚年幼，天性还没有流于浅薄之时，教导则容易被领会施行，应该按照孔子所说的“爱之能勿劳乎”的言辞去教导他不辞劳苦，不要因为过分宠爱放松教导而助长子弟们的放纵心态。当子弟们已养成了坏的习气时，教导就难以被领会奉行，这时则应以孟子“中也养不中，才也养不才”的言辞来培养他们，不要轻易放弃而断绝了子弟们改过自新的机会。

一百零六、专一可立功　偏执易败事

忠实而无才，尚可立功，心志专一也；

忠实而无识，必至偾事，意见多偏也。

---

① 偾（fèn）事：败坏事情。偾，颠倒，僵仆。

② 偏：偏颇。

译文

一个人为人忠厚老实却没有什么才能，仍然可以建功立业，是因为这样的人用心专一；一个人忠厚老实但却没有见识，就一定会败坏事情，是因为这样的人意见大都会走向偏执。

一百零七、不忘艰难之境　不存侥幸之心

人虽无艰难之时，却不可忘艰难之境；

世虽有侥幸之事，断不可存侥幸之心。

---

① 侥幸：意外获得。

译文

一个人即使没遇到过艰难困苦的时候，也不能忘记人生之路上存在艰难困苦的境遇；世上虽然有许多侥幸走运的事例，但人却不可抱有侥幸撞大运的心态。

一百零八、心静则明　品超斯远

心静则明，水止乃能照物；品超斯远，云飞而不碍空。

---

① 品超斯远：品格高尚则能远离世事的纠缠而心存高远。

译文

人的内心在沉静之后就自然澄明，就像平静的水面才能映照事物一样；人的品行高尚才能心存高远，就像云朵飘飞起来的天空才能一览无余。

一百零九、贫乃顺境　俭即丰年

清贫乃读书人顺境；节俭即种田人丰年。

译文

对于读书人来说，清贫的生活就是顺遂的环境；对于种田人来说，节俭的日子就是丰收的年景。

一百一十、常有正直心　莫有浮华志

正而过则迂，直而过则拙，故迂拙之人犹不失为正直；高或入于虚，华或入于浮，而虚浮之士究难指为高华。

---

①迂：不通世故，迂腐。

译文

人的性情过于刚正就会显得迂腐，过于直率就会显得有些笨拙，所以迂腐、笨拙的人都不失为正直的人；人如果自视清高就会陷入虚妄，自恃才华过人有时就会流于浮夸，所以虚妄、浮夸的人终究难以称得上是清高多才的人。

一百一十一、异端背乎经常　邪说涉于虚诞

人知佛老为异端，不知凡背乎经常者，皆异端也；

人知杨墨为邪说，不知凡涉于虚诞者，皆邪说也。

① 佛老：佛教和老子的学说。异端：不同于一般想法的学说或人。古代儒家称其他持不同见解的学派为异端。

② 杨墨：战国时期以杨朱和墨翟为代表的学说，墨翟即墨子，杨朱主张“为我”，墨翟主张“兼爱”。

③ 虚诞：荒诞无稽。

译文

人人都知道佛教和老子的学说为异端，却不知道凡是与成俗常理相违背的学说，都是异端；人人都认为杨朱和墨翟的学说是邪说，却不知道凡是荒唐虚妄的言论，都可以说是邪说。

一百一十二、亡羊尚可补牢　羡鱼何如结网

图功未晚，亡羊尚可补牢；浮慕无成，羡鱼何如结网。

---

① 图功：谋求功业。

② 亡羊尚可补牢：丢了羊再去修补羊圈，还不算晚。比喻出了问题后想办法补救还来得及，至少可以防止继续受损失。

③ 浮慕：表面上仰慕。

④ 羡鱼何如结网：比喻只是空想，不如脚踏实地去做。

译文

谋求功业任何时候都不算晚，就像羊跑掉了只要及时修补羊圈，还可以防止其他羊继续丢失；凭空羡慕别人永远不会有什么成就，就像临渊羡鱼一无所得，不如尽快退而结网然后去捕鱼一样。

一百一十三、道本足于身　境难足于心

道本足于身，以实求来，则常若不足矣；

境难足于心，尽行放下，则未有不足矣。

① 尽行：完全、全然。

译文

道理原本就存在于我们的身边，虽然能经由脚踏实地去探求，却还是常常感到所了解的不足；境遇很难让我们的内心感到满足，如果能把对外物的执着追求全然放下，也就没有什么不满足的了。

一百一十四、读书下苦功　为人留福庆

读书不下苦功，妄想显荣，岂有此理？

为人全无好处，欲邀福庆，从何得来？

① 显荣：显达荣耀。

译文

读书若不下苦功夫，却妄想着有朝一日能显达荣耀，天下哪有这样的道理？为人从不行善积德，却妄想招来福分与吉庆，这些福分又从何处生起、得到呢？

一百一十五、有错即改为君子　肆行无忌乃小人

才觉己有不是，便决意改图，此立志为君子也；

明知人议其非，偏肆行无忌，此甘心做小人也。

① 改图：改变方向，改变想法。

译文

刚刚察觉到自己有不对的地方，便毫不犹豫地改正错误，这必是一个立志要做正人君子的人；明明知道有人在议论自己的过错，偏偏仍旧肆无忌惮地为所欲为，这便是自甘堕落要做小人的人。

一百一十六、交友淡如水　寿在静中延

淡中交耐久，静里寿延长。

① 淡中交：君子之交淡如水，平淡地交往。

译文

在平淡中结交的朋友，往往能将友谊维持很久；在平静安稳中度日，能够延年益寿。

一百一十七、深思熟虑　忍让求全

凡遇事物突来，必熟思审处，恐贻后悔；

不幸家庭衅起，须忍让曲全，勿失旧欢。

---

①贻：留下。

②衅起：有了罅隙，挑起事端。

译文

凡是遇到突如其来的变故，一定要经过深思熟虑审慎处之，以免处理不当来日后悔；如果家庭中不幸有了纠纷，一定要以忍让之心委曲求全，不要因此失去曾经的和睦与快乐。

一百一十八、聪明勿外散　耕读可兼营

聪明勿使外散，古人有纩以塞耳，旒以蔽目者矣；

耕读何妨兼营，古人有出而负耒，入而横经者矣。

---

①纩（kuàng）：古时指新丝棉絮，后泛指棉絮。

②旒（liú）：冠冕前后悬垂的玉串。

③负：扛着。耒（lěi）：古代耕田用的翻土农具。

④横经：手捧经书。

译文

不要让自己的聪明才智过于外露，就如古代曾有用棉絮塞住耳朵，用冠冕前后的玉串遮挡视线，以掩饰聪明的举动；耕田读书不妨兼顾，正如曾有古人白天背着农具劳作，晚上回家手捧经书学习。

一百一十九、天未曾负我　我何以对天

身不饥寒，天未曾负我；学无长进，我何以对天。

译文

身体未曾受到饥饿寒冷之苦，可见上天没有亏待自己；如果学问一直没有长进，自己有何颜面来见上天？

一百二十、勿与人争　惟求己知

不与人争得失，惟求己有知能。

① 惟：只要。知：智慧。

译文

不与他人争抢论说名利上的得失成败，只求自己拥有智慧与才干。

一百二十一、为人有主见　做事知权变

为人循矩度①，而不见精神，则登场之傀儡②也；

做事守章程③，而不知权变④，则依样之葫芦⑤也。

---

① 矩度：规矩法度。

② 傀儡：木偶。用来比喻不能自主，受人操控的人或组织。

③ 章程：书面制定的办事规则。

④ 权变：随机应变。

⑤ 依样之葫芦：比喻模仿别人，自己没有创见。

译文

做人如果只知严格遵循规矩法度，而没有自主的精神气概，那就如同戏台上受人操控的木偶一样；做事如果只知固守章程法规，却不会通权达变，那就像是照着葫芦画瓢般僵化呆滞。

一百二十二、文章似山水　富贵乃烟云

文章是山水化境[①]，富贵乃烟云幻形[②]。

① 化境：变化到出神入化的极致的境界。

② 幻形：虚幻不实的形状，引申为假象。

译文

文章达到出神入化的境界就如同山水景色的美妙极致，气象万千；富贵所给人带来的境遇变化却如同缥缈的烟云般聚散不定，如梦似幻。

一百二十三、察伦常于细微 化乡风以德义

郭林宗为人伦之鉴，多在细微处留心；

王彦方化乡里之风，是从德义中立脚。

---

① 郭林宗：郭泰，字林宗，东汉介休人。博学有德，好品题人物，善于鉴察人伦道德，人称有道先生。范滂谓其“隐不违亲，贞不绝俗；天子不得臣，诸侯不得友”。他以不愿就官府的征召而名著于世。由于他不为危言骇论，故党锢之祸得以独免。

② 王彦方：王烈，字彦方，东汉太原人。因品德高尚称著乡里。平居以德行感化乡里，凡有争讼者，多趋而请教之，以判曲直。

译文

郭林宗在品鉴人伦道德的时候，往往在细微处留心观察人们的言辞和行动；王彦方感化乡里风俗的时候，就是以道德和仁义为根本来着手。

一百二十四、岂可妄行欺诈　何能独享安闲

天下无憨人，岂可妄行欺诈；世人皆苦人，何能独享安闲。

① 憨人：愚笨、痴呆之人。

译文

天下没有真正憨痴的笨人，怎能任意去欺侮诈骗他人；世间的人大都是吃苦受难的人，怎么能安心独自去享受安逸舒适的生活。

一百二十五、忍让非懦弱　自矜终糊涂

甘受人欺，定非懦弱；自谓予智，终是糊涂。

① 懦弱：胆小怕事。

译文

甘愿受人欺凌的人，一定不是胆小怕事的人；自以为聪明绝顶的人，终究是个糊涂人。

一百二十六、功德文章传后世　人品心术任人评

漫夸富贵显荣，功德文章要可传诸后世；

任教声名煊赫，人品心术不能瞒过史官。

---

①漫夸：胡乱地夸大。漫，随意。

②煊赫（hè）：形容名声大，声势显赫。

译文

随意夸耀家世的富贵地位，也只能显荣一时，功德与文章却可以名垂千古泽被后人；不管声名如何盛大，也不过显赫于当世，个人的品行与为人是欺骗不了史官的。

一百二十七、闭目养神　口合防祸

神传于目，而目则有胞，闭之可以养神也；

祸出于口，而口则有唇，阖之可以防祸也。

---

① 胞：上下眼皮。

② 阖（hé）：关闭。

译文

人的精神由眼睛来传达，而眼睛则有上下眼皮，闭合之后才可以颐养心神；世间的祸患是从嘴巴中传出，而嘴巴有上下嘴唇，闭上之后就可以防止说话招惹灾祸。

一百二十八、富家惯习骄奢　寒士读书成才

富家惯习骄奢，最难教子；寒士欲谋生活，还是读书。

① 寒士：指贫穷的读书人。

译文

富贵人家习惯于骄矜奢华，对于他们来说最难的就是教育好子孙后辈；贫穷人家想要谋取生存之道，最好的方式还是莫过于让子弟后辈们好好读书。

一百二十九、苟且不能振　俗气不可医

人犯一苟字，便不能振；人犯一俗字，便不可医。

① 苟：苟且，随便。

译文

一个人如果有了随便的毛病，就无法再振作起来；一个人如果流于庸俗不堪，便再也无药可救了。

一百三十、立高志成就奇功　小不忍铸成大祸

有不可及之志，必有不可及之功；有不忍言之心，必有不忍言之祸。

---

① 不忍言：发现错误而不忍去指责、纠正。

译文

一个人要是有他人不可企及的远大志向，定会建立超凡的功业；一个人如果不忍心指出他人的错误，必然要遭受因这不忍心指正而带来的祸患。

立业篇

一百三十一、事当难处退一步　功到将成莫放松

事当难处之时，只让退一步，便容易处矣；

功到将成之候，若放松一着，便不能成矣。

① 难处：难以处理。

译文

事情到了难以处理的地步，只需退让一步，就变得容易处理了；功业到了即将成功的时候，如果放松了哪怕一着，就无法成就了。

一百三十二、无学为贫　无德为孤

无财非贫，无学乃为贫；无位非贱，无耻乃为贱；

无年非夭，无述乃为夭；无子非孤，无德乃为孤。

---

①夭：短命夭折。

②孤：原指幼年丧父，这里指受到孤立的人。

译文

没有钱财并不算贫穷，没有学问才是真正贫穷；没有地位并不算卑贱，没有羞耻之心才是真的卑贱；没能长寿也不算短命，一生没有值得称道的事迹才算真正的短命；没有子女不算孤立无助，没有德行才是真正的孤立无助。

一百三十三、知过能改　抑恶扬善

知过能改，便是圣人之徒；恶恶太严，终为君子之病。

① 恶（wù）恶（è）：憎恶坏人坏事。前“恶”作动词，指厌恶；后“恶”作名词，指恶事恶人。严：严厉，激烈。

译文

能认识到自己的过错并且加以改正，那么便是圣人门徒；憎恶、攻击坏人坏事太过严厉，终会成为君子的过失。

一百三十四、以诗书立业　从孝悌立基

士必以诗书为性命，人须从孝悌立根基。

① 士：古代四民之一，位于庶民之上。此处指士子，即读书人。性命：人的生命的统称。这里指安身立命的根本。

② 孝悌（tì）：指孝顺父母，尊敬兄长，是封建伦理道德之一。亦作“孝弟”。

译文

士子必须以诗书作为安身立命的根本，做人必须以孝顺父母、尊敬兄长为立身处世的基础。

一百三十五、得意勿忘形　苦心天不负

德泽太薄，家有好事，未必是好事，得意者何可自矜？

天道最公，人能苦心，断不负苦心，为善者须当自信。

---

① 德泽：德化和恩泽。

② 自矜：自以为了不起，自我夸耀。

译文

如果自己的德化和恩泽太浅薄，即使家中有好事，也未必会是真正的幸运，所以春风得意的人有什么值得自高自大呢？天道是最公平的，人做事如果能尽心尽力，苦心就不会白费，所以做善事的人心中要充满自信。

一百三十六、自大无法进步　自卑不能振作

把自己太看高了，便不能长进；把自己太看低了，便不能振兴。

译文

如果把自己估计得太高，就无法取得进步；如果过于轻视自己，就失去了振作的勇气。

一百三十七、有为不轻为　好事非晓事

古今有为之士，皆不轻为之士；乡党好事之人，必非晓事之人。

① 乡党：乡里，同乡。

② 晓事：明达事理。

译文

自古以来那些有作为的人，都不会轻率地行事；乡里那些好事之徒，必定是一些不明事理的人。

一百三十八、勿因噎废食　不讳疾忌医

偶缘为善受累，遂无意为善，是因噎废食也；

明识有过当规，却讳言有过，是讳疾忌医也。

---

①缘：因为。

②因噎废食：因有人吃饭被噎死，就要荒唐地禁绝天下人吃饭。比喻因偶然的挫折而停止应该做的事情。噎，食物鲠在喉咙。

③当规：应当纠正。

④讳疾忌医：对疾病有所忌讳，隐瞒病情，不肯就医。比喻护短以避人规劝，有过失而不愿别人知道。

译文

偶尔因做善事而受到连累，就再也不想做善事了，这就好比曾经食物鲠在喉咙，从此就不再进食一样；明知自己有了过错应当纠正，却隐瞒自己的过错，就如同生病的人却不愿意承认，不想就医一样。

一百三十九、幕宾皆忠士　客座无小人

宾入幕中，皆沥胆披肝之士；客登座上，无焦头烂额之人。

---

① 宾入幕中：本指旧时进入幕府参与议事的人。后比喻为极其亲近并可以信任的人，又为纳入心中的朋友。

② 沥胆披肝：亦作披肝沥胆。比喻竭尽忠诚。

③ 客登座上：指被引为上座的宾客，形容自己重视并亲近的朋友。

译文

凡是值得自己信任而入府中商量事情的人，必然是能对自己竭尽忠诚的人；凡是能被自己作为宾客引为上座的人，必定不是品行缺失而窘迫之人。

一百四十、种田不遗余力　读书专心致志

地无余利，人无余力，是种田两句要言；

心不外驰，气不外浮，是读书两句真诀。

---

① 要言：重要而应谨记的话，至理名言。

② 真诀：真实而不变的秘诀。

译文

地要竭尽其用，不能浪费，人要竭尽其力，不可懈怠，这是种田人要懂得的两句至理名言；心神不能外骛，心气不能外散，这是读书时要铭记的两句诀窍。

一百四十一、成就人才不必子弟　暴殄天物贻害子孙

成就人才，即是栽培子弟；暴殄天物，自应折磨儿孙。

① 暴殄（tiǎn）天物：原指残害灭绝天生万物，此处指任意糟蹋财物，不知爱惜。殄，灭绝。

译文

通过培养使有才能的人有所成就，就相当于栽培自己的子弟；如果不知爱惜物力，任意浪费，自然会在日后使子孙遭受折磨。

一百四十二、平情应物　藏器待时

和气迎人，平情应物；抗心希古，藏器待时。

---

① 平情应物：以平常心对待事物。

② 抗心希古：心志高亢，以古人自相期许。抗，高亢。

③ 藏器待时：怀才以待见用。器，本指用具、器物，此指才华。

译文

以心平气和的态度对待别人，以平常心去看待事物；以古代圣贤的高尚心志自相期许，隐藏自己的才能以等待可用的时机。

一百四十三、坐矮板凳　骑马找马

矮板凳，且坐着；好时光，莫错过。

---

① 矮板凳，且坐着：形容读书、做学问要能坐得住，耐得住寂寞。且，暂且。

译文

读书、做学问充满艰辛，要耐得住坐矮板凳的寂寞；大好的光阴正可用来读书，切莫轻易错过。

一百四十四、不失良心　莫舍正路

天地生人，都有一个良心；苟丧此良心，则其去禽兽不远矣。

圣贤教人，总有一条正路；若舍此正路，则常行荆棘之中矣。

---

① 苟：如果。

② 去：距离，离开。

③ 荆棘：本指丛生有刺的灌木，此指困难的境地。

译文

人生活在天地之间，都要有一颗良善之心；如果丧失了这颗良心，那就和禽兽差距不远了。圣贤教化人们，总会劝人走一条光明大道；如果舍弃了这条正道，就如同行走在荆棘丛中一样艰难。

一百四十五、务本业者常乐　当大任者常忧

世之言乐者，但曰读书乐，田家乐；可知务本业者，其境常安。

古之言忧者，必曰天下忧，廊庙忧；可知当大任者，其心良苦。

---

① 务本业：指专心从事自己的职业或专业。

② 廊庙：庙堂。后多指代朝廷或国家政事。

译文

世人说起快乐的事，便说读书求知有乐趣，耕田收获有乐趣，可见专心从事自己本业的人，常常怀着安乐的心境。古代的人谈起忧愁的事，总是说起为天下苍生担忧，为国家政事担忧，由此可知身负重任的人，总是用心良苦。

一百四十六、求死之人难救　避祸求福在己

天虽好生，亦难救求死之人；人能造福，即可邀悔祸之天。

① 好生：即上天乐见万物之生，而不乐见万物之死。

② 悔祸：不愿再有祸乱。

译文

上天虽希望万物充满生机，却也很难拯救那一心想死的人；人如果努力做善事给自己创造幸福，就可以得到上天的赦宥，从而避免灾祸。

一百四十七、身不正难有好子弟　依势者必有真对头

薄族者，必无好儿孙；薄师者，必无佳子弟；吾所见亦多矣。

恃力者，忽逢真敌手；恃势者，忽逢大对头；人所料不及也。

① 薄族：刻薄地对待族人。

② 薄师：不敬师长，刻薄地对待师长。

③ 恃力：依仗力气欺负人。

④ 恃势：倚势压人。

译文

刻薄地对待族人的人，必定没有好儿孙；不尊敬师长的人，必定没有优秀的子弟；这种情形我见得多了。依靠气力的人，必会遇上比自己更强大的敌人；依靠权势作恶欺负人的人，必会遭遇比自己势力更强的对头，这都是人们所始料不及的事。

一百四十八、为学须静敬　教人去骄惰

为学不外“静”“敬”二字，教人先去“骄”“惰”二字。

译文

求学问，不外乎“心静”“持敬”两个要点；教导他人，应先去除“骄傲”“懒惰”两个毛病。

一百四十九、无愧知己　学以致用

人得一知己，须对知己而无惭；士既多读书，必求读书而有用。

---

① 无惭：没有愧疚之处。

译文

人难得遇到一位知己，一定要做到面对知己而毫无愧疚；士子既然多读诗书，就一定要追求学以致用。

一百五十、直道教人　诚心待人

以直道教人，人即不从，而自反无愧，切勿曲以求荣也；以诚心待人，人或不谅，而历久自明，不必急于求白也。

① 直道：正直的道理。

② 自反：自我反省。

③ 谅：信任，谅解。

④ 求白：希求表白，求说明以洗刷清白。

译文

以正直的道理去教导别人，即使别人不听从，而自我反省起来也会问心无愧，千万不要靠曲意逢迎来博得别人高兴；以诚恳的心意去对待别人，即使别人或许有所误解，但时间久了他自会明白你的心意，没有必要急着去表白自己。

一百五十一、粗粝能甘　纷华不染

粗粝能甘，必是有为之士；纷华不染，方称杰出之人。

① 粗粝：粗服劣食，泛指粗粮。这里形容艰苦的生活。

② 纷华：声色荣华。

译文

能够甘于粗茶淡饭生活的人，必然是有大作为的人；不把声色荣华放在心上的人，才可称得上是杰出的人。

一百五十二、执拗之人不可与谋　机趣之士始可言文

性情执拗之人，不可与谋事也；机趣流通之士，始可与言文也。

① 执拗：固执乖戾。

② 机趣流通：机趣，犹天趣、风趣。流通，流转通行，不板滞。

译文

性情固执偏激的人，往往无法和他一起商量事情；性情风趣通达的人，才可以与他一起讨论学问之道。

一百五十三、世事不必件件能　惟与古人心心印

不必于世事件件皆能，惟求与古人心心相印。

① 心心相印：心意情趣相通。

译文

没必要对世上的每件事都通晓明白，只希望和古人的心意情趣相通。

一百五十四、无愧于心　收效桑榆

夙夜所为，得无抱惭于衾影；光阴已逝，尚期收效于桑榆。

---

①夙夜：早晚，朝夕。

②衾（qīn）影：《宋史·蔡元定传》：“独行不愧影，独寝不愧衾。”“无抱惭于衾影”是指独处时没有愧对于心的行为。衾，被子。

③桑榆：指晚年。

译文

每天回想起早晚的所作所为，没有一件事是丧德败行有愧于心的；即使时光流逝不再回头，还依然希望能够在晚年有所成就。

一百五十五、创业艰辛　毋负先人

念祖考创家基，不知栉风沐雨，受多少苦辛，才能足食足衣，以贻后世；

为子孙计长久，除却读书耕田，恐别无生活，总期克勤克俭，毋负先人。

---

①栉（zhì）风沐雨：借风梳发，借雨洗头。形容奔波劳苦，工作艰辛。

②贻：留给，遗留。

译文

祖先开创家业的时候，不知受过多少风雨，历经多少苦难，才能做到衣食无忧，并且把家产留给子孙后世；如果要为子孙做长远打算，除了读书、耕田以外，恐怕再没有更好的出路了，总希望后世子孙们能够勤俭生活，不要辜负了先人的辛劳。

一百五十六、乡里不可或缺　身后事迹可传

但作里中不可少之人，便为于世有济；

必使身后有可传之事，方为此生不虚。

---

① 里中：乡里。

② 济：帮助，贡献。

译文

只要让自己成为乡里不可缺少的人，就能算作对世人有所帮助了；要使自己死后有足以为人称道的事迹，这一生才算没有虚度。

一百五十七、齐家先修身　读书在明理

齐家先修身，言行不可不慎；读书在明理，识见不可不高。

---

① 齐家：治理家庭。修身：修养身心。

② 明理：明达事理。

译文

治理家庭首先要修身养性，自己的一言一行定要谨慎无失；读书的宗旨在于明达事理，自己的见识不能不高于常人。

一百五十八、积善有余庆　多藏必厚亡

桃实之肉暴于外，不自吝惜，人得取而食之；食之而种其核，犹饶生气焉，此可见积善者有余庆也。

栗实之肉秘于内，深自防护，人乃破而食之；食之而弃其壳，绝无生理矣，此可知多藏者必厚亡也。

① 余庆：犹言余福，即泽被后人。

② 厚亡：损失很大，多有取亡之道。

译文

桃子的果肉露在外面，毫不吝惜地让人食用；人们在吃完之后将桃核种入土中，它就会再发芽生长，由此可见常做善事的人必定有余福留给后代。栗子的果肉藏在皮壳内，好像尽力保护自己，人只有剖开果壳才能吃到；而吃完后就把果壳丢弃掉，使其无法生根发芽了，由此可见积藏太多却吝于付出的人必然会损失惨重。

一百五十九、修身求备　读书求深

求备之心，可用之以修身，不可用之以接物；

知足之心，可用之以处境，不可用之以读书。

---

①求备：求全责备，追求完美。

②处境：处身于外界环境。

译文

追求完美的想法，可以用于完善自我的修养，却不可用于待人接物；知足常乐的心理，可以用来应对周围的环境，却不能用在读书求知上。

一百六十、有守有为并重　立言立德并传

有守虽无所展布，而其节不挠，故与有猷有为而并重；立言即未经起行，而于人有益，故与立功立德而并传。

---

①展布：施展，推行。

②不挠：不屈服。

③有猷（yóu）：有道义。

④未经起行：没有付诸行动。

译文

有操守的人即使没能传布道义，但是他们守节不屈，就和有道义、有作为一样重要；通过著书立说来宣扬道义，虽然没有付诸行动，但是给他人带来益处，所以和立功、立德一样被世人传颂。

一百六十一、近老成人　听老实话

遇老成人，便肯殷殷求教，则向善必笃也；

听切实话，觉得津津有味，则进德可期也。

---

①老成人：年长有德的人。

②殷殷：热切，诚恳。

③笃：真诚，深切。

④切实话：非常实在的言语。

译文

遇到年长有德之人，便恳切地讲求教诲，那么这样的人向善之心必定十分真诚；听到诚恳实在的话，便觉得津津有味，那么这样的人德业的长进是可以料想得到的。

一百六十二、真涵养　大见识

有真情性，须有真涵养；有大识见，乃有大文章。

① 真性情：至真无妄的秉性、气质。

② 真涵养：真正的修养。

译文

要想有至真无妄的秉性、气质，必须先要有真实的修养；有了广博高明的见识，才能写出不朽的文章。

一百六十三、为善之端在让　立身之道在敬

为善之端无尽，只讲一“让”字，便人人可行；

立身之道何穷，只得一“敬”字，便事事皆整。

---

① 端：方法。

② 让：礼让，推辞。

译文

做善事的方法是无穷尽的，只要讲求一个“让”字，人人都能做善事；立身处世的道理无穷无尽，只要做到一个“敬”字，就能使所有的事情规范起来。

一百六十四、是非要自知　得失须论己

自己所行之是非，尚不能知，安望知人；

古人以往之得失，且不必论，但须论己。

---

① 安：哪里，怎么。

译文

自己的所作所为是对是错，尚且还不知道，又怎么能知道他人的对错呢？古人以往言行的得失，暂且不必评论，重要的是要明白自己的得失。

一百六十五、仁厚是儒家之道　虚浮为今人之过

治术必本儒术者，念念皆仁厚也；今人不及古人者，事事皆虚浮也。

---

①治术：致治之术，使国家得以治理的方法。儒术：儒家学术的理论和方法。

②念念：每一个念头。

③虚浮：不实在，轻浮。

译文

治理国家以儒家学说为本，是因为儒家的治国之道出于仁爱宽厚之心；现在的人之所以不如古人，是因为现在的人行事都存在虚浮不实在的弊端。

一百六十六、大祸起于不忍　凡事务必谨慎

莫大之祸，起于须臾之不忍，不可不谨。

---

① 莫大：巨大。

② 须臾：一会儿，片刻。

译文

不管多大的祸患，总是源于一时的不能忍耐，所以凡事不可不谨慎小心。

一百六十七、体察亲情　反哺他人

家之长幼，皆倚赖于我，我亦尝体其情否也？

士之衣食，皆取资于人，人亦曾受其益否也？

---

① 倚赖：依靠。

译文

家中的老小，都依靠着我生活，我是否曾体察过他们的心情与需要呢？我们读书人的衣食供给，全靠着别人的生产劳动来维持，别人是否也曾从我们身上得到过什么好处呢？

一百六十八、读书积德　事长亲贤

富不肯读书，贵不肯积德，错过可惜也；

少不肯事长，愚不肯亲贤，不祥莫大焉。

① 事长：尊敬、侍奉长辈。

② 亲贤：亲近贤能的人。

译文

富有时不肯好好读书，地位显贵不肯积德，错过了这段可以有所作为的富贵时期实在是可惜啊；年少时不敬奉长辈，愚昧无知却又不肯亲近贤能的人，这是最不吉祥的预兆了。

一百六十九、五伦之后有大经　四子成书为正学

自虞廷立五伦为教，然后天下有大经；

自紫阳集四子成书，然后天下有正学。

---

①虞廷：虞舜之世。五伦：即父子有亲，君臣有义，夫妇有别，长幼有序，朋友有信。后来这些成为人们的道德规范。

②大经：不可变易的礼法，常道。

③紫阳：南宋理学大家朱熹，字元晦，一字仲晦，又号晦庵，徽州婺源人。朱熹晚年曾建紫阳书院，故学者称其为紫阳先生。四子成书：朱熹集注《论语》《孟子》《大学》《中庸》，合称四书。

④正学：中正之学。

译文

自从虞舜之世设立五伦教化之后，天下才有了不可变易的人伦大道；自从朱子集注四书之后，天下才有了被奉为圭臬的中正之学。

一百七十、意趣清高　志量远大

意趣清高，利禄不能动也；志量远大，富贵不能淫也。

---

① 意趣：意志情趣。

译文

情趣意志清雅高尚的人，是不会被功名利禄所打动的；志向广阔高远的人，是不会被荣华富贵迷惑心志的。

一百七十一、势家女难待　富家儿难处

最不幸者，为势家女作翁姑；最难处者，为富家儿作师友。

---

① 势家女：有财有势人家的女儿。翁姑：公婆。

译文

最不幸的事情，莫过于给有财有势人家的女儿做公婆；最难自处的，就是给富贵人家的孩子做老师或朋友。

一百七十二、钱能福人　亦能祸人

钱能福人，亦能祸人，有钱者不可不知；

药能生人，亦能杀人，用药者不可不慎。

① 福人：使人得福。

② 祸人：使人遭难。

③ 生人：使人活命。

译文

钱财能够让人得福，也能给人带来祸害，富有的人不能不明白这个道理；药物可以救人，也可以毒死人，用药的人不能不小心谨慎。

一百七十三、身体力行　集思广益

凡事勿徒委于人，必身体力行，方能有济；

凡事不可执于己，必广思集益，乃罔后艰。

---

①徒：仅。

②济：成就，帮助。

③执于己：固执己见。

④罔：无，不会。后艰：以后的艰难困苦。

译文

任何事情都不应只依赖别人，一定要身体力行，才能使自己有所成就；任何事情都不能固执己见，一定要集思广益，才不会在日后出现困难。

一百七十四、工课莫荒废　官箴不可玷

耕读固是良谋，必工课无荒，乃能成其业；

仕宦虽称显贵，若官箴有玷，亦未见其荣。

---

① 良谋：好办法，好主意。

② 官箴：指对官吏的劝诫。玷（diàn）：白玉上的污点，引申为过失。

译文

耕种和读书固然是很好的生活方式，但是必须做到两者兼顾而不偏废，才能成就事业；做官虽能称得上是富贵显达，但是一旦疏于职守而有过失，那就会使得荣耀尽失。

一百七十五、儒者多文为富　君子疾名不称

儒者多文为富，其文非时文也；君子疾名不称，其名非科名也。

---

①时文：科举应试之文，八股文。

②疾名不称：担心自己的名声不能得到传扬。疾，忧虑。称，称誉。

③科名：科举考中而获取的功名。

译文

儒生常把文章著述众多看作财富，但是这些文章却并不是指科举应试之作；君子常担心自己的名声不能被世人传扬，但是这里的名声并不是指科举考试取得的功名。

一百七十六、收放心　干大事

“博学笃志，切问近思”，此八字，是收放心的功夫；
“神闲气静，智深勇沉”，此八字，是干大事的本领。

---

① 博学笃志，切问近思：语出《论语·子张》：“博学而笃志，切问而近思，仁在其中矣。”意思是说广博地求取学问，志向坚定，极力向人请教，并仔细思考。笃，真诚。

② 收放心：《孟子·告子篇》：“学问之道无他，求其放心而已矣。”收放心是指收回放纵散漫的心而专心于学。

③ 神闲气静，智深勇沉：神情闲适，心平气和，智谋深远，勇敢沉着。

译文

“博学笃志，切问近思”这八个字，说的是收回放纵散漫之心而专志于学的功夫；“神闲气静，智深勇沉”这八个字，讲的是成就大事所必备的本领。

一百七十七、规我过者是益友　偏袒我者为小人

何者为益友？凡事肯规我之过者是也。

何者为小人？凡事必徇己之私者是也。

---

① 益友：对自己有所帮助的朋友。

② 规我之过者：规劝、告诫我的过失的人。规，规劝。

③ 徇：屈从，偏袒。私：过错，过失。

译文

哪一种人才算是对自己有益的朋友呢？是那些遇到事情愿意规劝我改正过错的人；哪一种人算是小人呢？是那些遇到事情必定存心偏袒自己过失的人。

一百七十八、待子孙不可宽　行嫁礼不必厚

待人宜宽，惟待子孙不可宽；行礼宜厚，惟行嫁娶不必厚。

① 厚：丰厚。

译文

对待他人应该宽容，唯独对待子孙千万不能过于宽容骄纵；礼尚往来要周到厚重，唯独办婚事时不必大肆铺张。

一百七十九、尽其当然　听其自然

事但观其已然，便可知其未然；人必尽其当然，乃可听其自然。

---

① 但：只，仅。已然：已经发生的情况，已经这样。

② 未然：尚未发生的情况。

③ 当然：应当如此，应做的事情。

④ 听其自然：顺其自然发展。

译文

遇事只要看它已经表现出来的情形，就能预知其还没发生的状况；一个人一定要先尽到自己的本分，然后才能听由事情自然发展。

一百八十、观规模之大小　察德泽之浅深

观规模之大小，可以知事业之高卑；

察德泽之浅深，可以知门祚之久暂。

---

① 规模：形制，立制垂范。

② 高卑：崇高和浅陋。

③ 门祚（zuò）：家运，家世的福运。久暂：长久或者短暂。

译文

观察规模法式的大小，便可知道这项事业是崇高还是浅陋；观察对人恩泽的多少，就能知道家世的福运是长久还是短暂。

一百八十一、君子尚义　小人趋利

义之中有利，而尚义之君子，初非计及于利也；利之中有害，而趋利之小人，并不顾其为害也。

① 趋利：急于图利。

译文

在义行之中也存在利益，而崇尚义的君子，最初并不会考虑是否有利可图；在谋求利益中也会包藏着危害，而一心求利的小人，却不会顾及其中的危害。

一百八十二、小心谨慎无咎　高位难保其终

小心谨慎者，必善其后，畅则无咎也；

高自位置者，难保其终，亢则有悔也。

---

① 必善其后：一定能善始善终。善后，指事情发生后妥善处理遗留问题。

② 咎：过失，过错。

③ 亢则有悔：处高位者不要自满，否则就会有败亡的灾祸。亢：至高的，此指高傲。悔：灾祸。

译文

小心谨慎的人，处理事情一定能善始善终，因为通达事理就不会有过失；身居高位的人，很难在自己的位置上维持长久，一旦高傲就会有败亡的灾祸。

一百八十三、耕读非谋富贵　衣食重在实用

耕所以养生，读所以明道，此耕读之本原也，而后世乃假以谋富贵矣；

衣取其蔽体，食取其充饥，此衣食之实用也，而时人乃藉以逞豪奢也。

---

① 养生：摄养身心，以期健康延年。

② 明道：明白事理。

③ 本原：根源，本意。

④ 假：借，凭借。同本篇下文的“藉”。

译文

耕田是为了摄养身心，读书是为了明白事理，这是耕田和读书的本意，然而后世的人却把它们当作谋求富贵的手段。穿衣是为了遮蔽身体，吃饭是为了充饥，这原本是衣食的实际用途，但现在的人却用以显示自己的富贵与豪奢。

一百八十四、一官到手怎施行　腰缠万贯怎布置

人皆欲贵也，请问一官到手，怎样施行？

人皆欲富也，且问万贯缠腰，如何布置？

---

① 布置：运用，使用。

译文

人人都希望自己地位显贵，请问一旦官位到手，你又将怎样推行政务？人人都希望自己富有，请问要是你腰缠万贯了，又将如何使用这些钱财呢？

一百八十五、文行忠信　立教科目

文、行、忠、信，孔子立教之目也，今惟教以文而已；志道、据德、依仁、游艺，孔门为学之序也，今但学其艺而已。

---

① 文、行、忠、信：孔子施教的科目和内容。文，指诗书礼乐等典籍。行，是行为。忠、信，是品性上的训练。

② 志道、据德、依仁、游艺：孔门治学的次序。语出《论语·述而》："志于道，据于德，依于仁，游于艺。"志道，立志研究道义。据德，做事依据崇高的道德。依仁，依仁义立世。游艺，以礼、乐、射、御、书、数六种技艺作为安身立命的本领。

译文

文、行、忠、信，是孔子教育学生所立的科目，现在却只教授诗书礼乐等典籍了。志道、据德、依仁、游艺，是孔门治学的次序，而如今人们只学习最后一项技艺罢了。

一百八十六、隐微之衍即干宪典　技艺之末无益身心

隐微之衍，即干宪典，所以君子怀刑也；技艺之末，无益身心，所以君子务本也。

---

①隐微：隐蔽而细小的。衍：过失。

②干：违反。宪典：法律。

③君子怀刑：语出《论语·里仁》："子曰：'君子怀德，小人怀土；君子怀刑，小人怀惠。'"怀刑，指因畏惧刑律而守法。

④君子务本：语出《论语·学而》："君子务本，本立而道生。"务本，致力于根本。

译文

不太留意的细微过失，可能就会违反法律，所以君子常因畏惧刑律而守法；技艺是学问的末流，对身心并无改善的好处，因此君子致力于根本的学问。

一百八十七、学而有恒　贫而有志

士既知学，还恐学而无恒；人不患贫，只要贫而有志。

① 知学：知道学问的重要性。

② 无恒：没有恒心。

③ 患：担心，害怕。

译文

读书人已经知道学问重要而有向学之心，还要担心学习时有没有恒心。人不害怕贫穷，只要在贫困的同时有志气就好。

一百八十八、重内则外无所求　饰外必中无所有

用功于内者，必于外无所求；饰美于外者，必其中无所有。

① 饰：装饰。

译文

注重培养内在修养的人，必然不会对外在事物有很多苛求；拼命追求外在华美好看的人，必然没有多少内在涵养。

一百八十九、有心者必贵人谋　讲学者必求实用

盛衰之机，虽关气运，而有心者必贵诸人谋；

性命之理，固极精微，而讲学者必求其实用。

---

① 性命之理：中国古代哲学的范畴，是形而上之道，讲究天命天理的学问。

译文

兴盛或是衰败的关键，虽然有时和命运有关，但是有心人一定更看重在人事上的谋划；形而上学的道理，固然十分精细微妙，但是讲求这种学问的人必然要让它能够实用。

一百九十、资性不足以限人　境遇不足以困人

鲁如曾子，于道独得其传，可知资性不足限人也；

贫如颜子，其乐不因以改，可知境遇不足困人也。

---

①鲁：愚拙，迟钝。曾子：春秋时鲁国人，名参，孔子的弟子。他勤奋好学，颇得孔子真传。积极推行儒家主张，并在修身和躬行孝道上颇有建树。

②资性：天资，天性。

③颜子：即孔子的学生颜回。

译文

像曾子那般天资愚拙的人，尚且能够在学问上得到孔子的真传，可见天资并不足以限制一个人的发展；像颜渊那么贫穷的人，尚且没有因此而放弃精神追求，由此可知困境不会阻碍一个人对学问和修行的追求。

一百九十一、敦厚之人可托大事　谨慎之人能成大功

敦厚之人，始可托大事，故安刘氏者，必绛侯也；

谨慎之人，方能成大功，故兴汉室者，必武侯也。

---

① 刘氏：指以汉高祖刘邦为主的汉室皇族。

② 绛侯：周勃，西汉沛县人，跟随刘邦起义，以军功封绛侯。

③ 武侯：诸葛亮，字孔明，辅佐刘备建立蜀汉政权，与魏、吴成三国鼎立之势。

译文

诚实敦厚的人，才可将大事托付给他，因此能让汉室安定的人，必定是周勃；唯有谨慎行事的人，才能成就大功业，因此能复兴汉室的人，必定是诸葛亮。

一百九十二、已成之祸难救止　难宥之罪不能保

以汉高祖之英明，知吕后必杀戚姬，而不能救止，盖其祸已成也；

以陶朱公之智计，知长男必杀仲子，而不能保全，殆其罪难宥乎？

---

①戚姬：戚夫人，为汉高祖刘邦宠姬，刘邦死后，戚姬及其子赵王如意即为吕后所杀。

②陶朱公：范蠡佐越王勾践破吴后，至定陶，自称陶朱公，经商而成巨富。

③殆：可能。宥（yòu）：宽恕，饶恕。

译文

像汉高祖如此英明的帝王，明知吕后将来会杀掉他最心爱的戚夫人，却也无法事先解救阻止，那是因为祸事已经酿成了。以陶朱公这样足智多谋的人，明知长子必定在日后杀害次子，却也无法保全次子性命，大概是因为次子所造成的罪孽本来就是难以宽恕的吧？

一百九十三、忠厚处世　勤俭传家

处世以忠厚人为法，传家得勤俭意便佳。

① 处世：为人处世。

译文

为人处世应当以忠实敦厚的人为效法对象，传承家业只要本着勤劳和俭朴的想法便好。

一百九十四、即物穷理维正教　反己省心救末流

紫阳补《大学·格致》之章，恐人误入虚无，而必使之即物穷理，所以维正教也；阳明取孟子良知之说，恐人徒事记诵，而必使之反己省心，所以救末流也。

---

①紫阳：南宋理学大家朱熹，人称紫阳先生。《大学·格致》之章：大学中有“致知在格物”句，朱熹注解“格物”即穷尽事物之理，无不知晓之意。

②即物穷理：程朱理学的主要范畴之一。认为理在物先，物是理的表现形式，要根据具体事物穷究出真正的道理。

③阳明：即王守仁，学者称为阳明先生，其学以“默坐澄心”为主，晚年提出“致良知”之说。

④反己省心：反省自己的本心。

译文

朱子注释《大学·格致》一章时，担心人们因误解而走入虚无，所以要人们必须多去穷究事物之理，目的在于维护孔门的正教。王阳明吸取了孟子的良知之说，担心人们仅仅徒然地背诵而不求甚解，所以一定要教导他们反省自己的本心，以此来挽救那些学圣贤道理却只知死读书的人。

一百九十五、立志为善良　反身为醇谨

人称我善良则喜，称我凶恶则怒，此可见凶恶非美名也，即当立志为善良；我见人醇谨则爱，见人浮躁则恶，此可见浮躁非佳士也，何不反身为醇谨。

①醇谨：醇厚，谨慎。

译文

别人夸赞我善良我就高兴，说我凶恶我就愤怒，可见凶恶不是美好的名声，所以应当立志做个善良的人；我看到别人醇厚谨慎就心生喜爱，看到别人心浮气躁就会产生厌恶之感，可见心浮气躁不是优秀的人该有的品行，那为什么不反省自己做一个醇厚谨慎的人呢？

一百九十六、处事宜宽平　持身贵严厉

处事要宽平，而不可有松散之弊；持身贵严厉，而不可有激切之形。

① 宽平：不急迫而又平稳。

② 激切：激动，激烈。

译文

为人处世要宽松而平稳，但是不可有过于松懈散漫的毛病；修养自身贵在严于律己，因而不可造成过于激烈过分的状态。

一百九十七、天地且厚生　人不可自薄

天有风雨，人以宫室蔽之；地有山川，人以舟车通之；是人能补天地之阙也，而可无为乎？人有性理，天以五常赋之；人有形质，地以六谷养之；是天地且厚人之生也，而可自薄乎？

---

① 蔽：遮蔽。

② 阙：过失，缺陷。

③ 五常：指古代儒家要求的五种道德修养，即仁、义、礼、智、信。

④ 六谷：指黍、稷、菽、麦、稻、粱的合称。

⑤ 薄：轻视。

译文

天会刮风下雨，人就建造房屋来遮蔽；大地上有山川河流，人可以制造车和船来畅行无阻。既然人力能够弥补天地造物的缺憾，我们岂能没有任何作为而虚度一生呢？人有内在的天性，上天以仁、义、礼、智、信五种道德修养来赋予人类；人有外在的形体，大地以黍、稷、菽、麦、稻、粱作为其滋养。天地尚且对我们如此仁厚，我们人类自己就更不该妄自菲薄了。

一百九十八、知万物有常　悟求己之理

人之生也直，人苟欲生，必全其直；贫者士之常，士不安贫，乃反其常。进食需箸，而箸亦只悉随其操纵所使，于此可悟用人之方；作书需笔，而笔不能必其字画之工，于此可悟求己之理。

① 苟：如果，假如。

② 箸（zhù）：吃饭的用具，即竹筷子。

译文

人有与生俱来的正直的天性，人如果要生存，就一定要保全这种正直；贫穷本就是贤士应有的常态，如果贤士不能安于贫困，便是违背了常理。吃饭需要用筷子，而筷子也只能随着主人的操纵而动，由此我们可以体悟到用人的方法；写字需要用笔，而笔本身并不能使字画工巧，由此可以体悟出凡事都需要求之于自己的道理。

一百九十九、广积阴功获天眷　民生存勤当有济

家之富厚者，积田产以遗子孙，子孙未必能保；不如广积阴功，使天眷其德，或可少延。家之贫穷者，谋奔走以给衣食，衣食未必能充；何若自谋本业，知民生存勤，定当有济。

① 阴功：犹言阴德。指暗中有德于人的功业。

② 天眷：上天眷顾。

译文

富有的人家，把积聚的田产留给子孙，可是子孙未必就能够将其保住；倒不如广积阴德多做善事，使上天眷顾这份阴德，从而可使子孙福分延续长久一些。贫穷的家庭，四处奔走以筹措衣食，但衣食也未必够用；倒不如努力干好自己的本分之事，因为谋生的根本在于勤奋，这样坚持下去必定能改善自己的处境。

二百、言不可尽信　事未可遽行

言不可尽信，必揆诸理；事未可遽行，必问诸心。

① 揆（kuí）：判断、衡量。

② 遽（jù）行：急忙、仓猝地去做。

译文

对别人说的话不能够全部相信，一定要用理性来加以判断、衡量；遇事不要急着去做，一定要先问问自己的良心看有没有违背之处。

二百零一、兄弟相师友　闺门若朝廷

兄弟相师友，天伦之乐莫大焉；闺门若朝廷，家法之严可知也。

---

① 天伦之乐：泛指家庭的乐趣。天伦，旧指父子、兄弟等亲属关系。

② 闺门：本指城墙之小者，后指内室之门，也指家门。

译文

兄弟之间互为师友，伦常之乐的极致莫过于此。家规如朝廷一般严谨，由此可以看出家法的严厉。

二百零二、友以成德　学以愈愚

友以成德也，人而无友，则孤陋寡闻，德不能成矣；

学以愈愚也，人而不学，则昏昧无知，愚不能愈矣。

---

① 成德：成就德业。

② 孤陋寡闻：学识浅薄，见闻不广。

③ 愈：治愈，医治。

译文

朋友可以促进我们德业的进步，人如果没有朋友，那么学问见识就会浅薄，德业就难以成就；学习是为了消除愚昧无知的毛病，人如果不学习，就会昏聩无知，其愚昧的思想就难以救治了。

二百零三、岂能幸逃国法　怎可白得人财

明犯国法，罪累岂能幸逃？白得人财，赔偿还要加倍。

---

① 幸逃：侥幸逃脱。

译文

明明知道违法而故意触犯国法，其罪行岂能侥幸地轻易逃脱？平白无故地取得别人的财物，恐怕到时候还要加倍偿还。

二百零四、莫笑浪子回头　强于贵人失足

浪子回头，仍不惭为君子；贵人失足，便贻笑于庸人。

① 浪子回头：浪荡的人改过自新，重新做人。

② 失足：举止不庄重，丧失节操。

译文

浪荡子弟若能改过自新重新做人，仍然可以做个无愧于心的君子；高贵的人一旦丧失节操，即使庸碌愚昧的人都会嘲笑他。

二百零五、饮食有节　男女有别

饮食男女，人之大欲存焉，然人欲既胜，天理或亡。故有道之士，必使饮食有节，男女有别。

---

① 饮食男女，人之大欲存焉：语出《礼记·礼运》："饮食男女，人之大欲存焉；死亡贫苦，人之大恶存焉。"男女，指男女的情爱欲望。大欲，主要的欲望。

译文

人对饮食和情欲的需要，是人的最主要而正当的欲望，然而人的欲望如果过于放纵，天道恐怕就要沦亡。所以有道德修养的人，一定要让饮食有所节制，情欲有所控制，严守礼教。

二百零六、耐贫贱易　耐富贵难

东坡《志林》有云：“人生耐贫贱易，耐富贵难；安勤苦易，安闲散难；忍疼易，忍痒难；能耐富贵、安闲散、忍痒者，必有道之士也。”余谓如此精爽之论，足以发人深省，正可于朋友聚会时，述之以助清谈。

---

① 东坡：苏轼，宋眉州人，字子瞻，号东坡居士。著有《苏东坡集》《仇池笔记》《东坡志林》等。

② 精爽：精当而爽直。

③ 清谈：清雅的言谈、议论，又指公正的舆论。

译文

苏轼在《东坡志林》中写道：“人生要耐得住贫贱是容易的事，然而要耐得住富贵却不容易；在勤劳辛苦中生活容易，但安于闲适散淡却很难；忍受疼痛容易，忍受奇痒却很难；如果这些富贵、闲散、奇痒等都能够承受得了，那这样的人必定是有高尚修养之人。”我认为这么精辟爽直的言论，足以让人有深刻的体悟，这也恰好是在朋友聚会时，可以说出来给大家讨论助兴的话题。

二百零七、淡如秋水贫中味　和若春风静后功

余最爱《草庐日录》有句云:“淡如秋水贫中味,和若春风静后功。”读之觉矜平躁释,意味深长。

①《草庐日录》:吴与弼著。吴与弼,字子傅,号康斋。明代思想家。

②矜平躁释:自负孤傲之心得以平息,浮躁之气消解。矜:自负,傲气。躁:烦躁。释:解除。

译文

我最喜爱《草庐日录》中的一句话:“淡如秋水贫中味,和若春风静后功。”读后觉得自负孤傲之心和浮躁之气都渐渐消解,句中的话真是深远悠长而耐人咀嚼。

二百零八、兵应者胜　兵贪者败

敌加于己，不得已而应之，谓之应兵，兵应者胜；利人土地，谓之贪兵，兵贪者败。此魏相论兵语也。然岂独用兵为然哉？凡人事之成败，皆当作如是观。

---

① 利人土地：贪求别国土地之利。

② 魏相论兵：魏相，西汉济阴定陶人，字弱翁。宣帝时为丞相。汉元康时，宣帝与后将军赵充国欲伐匈奴，魏相上书阻谏，宣帝因之停止了攻打匈奴的计划。

③ 当作如是观：应当用这种观点去看待。

译文

敌人来攻打自己，不得已而针锋相对出兵迎敌的，这叫作“应兵”，应兵的一方容易取胜；贪图占有别国土地的，叫作“贪兵”，为掠夺别国土地而发动战争的“贪兵”必然失败。这是魏相谈论兵法时所说的话。然而，难道只有用兵打仗才是如此吗？但凡人事的成功或失败，都应该用这种观点来看待啊。

二百零九、可以为常者　必平淡无奇

凡人世险奇之事，决不可为，或为之而幸获其利，特偶然耳，不可视为常然也。可以为常者，必其平淡无奇，如耕田读书之类是也。

---

①特：只是。

②常然：常理如此。

译文

凡是世间惊险、离奇的事情，绝不要去做，即便有人因为做了并且侥幸得到利益，那也只不过是偶然罢了，不能看作常态。可以看作常态的，一定是平淡无奇的事情，例如耕田、读书之类便是。

二百一十、忧先于事无忧　事至而忧无补

忧先于事故能无忧，事至而忧无救于事，此唐史李绛语也。其警人之意深矣，可书以揭诸座右。

① 李绛：唐代赞皇人，字深之，元和中拜相，历仕宪、穆、敬、文诸朝。为官敢于直谏。

② 揭诸座右：题写在座位的右边，作为警惕自己的格言。

译文

在事情到来之前思虑，事到临头时就会有应对的策略而免于忧患，如果等到事情已经来临再去担忧，就会于事无补，这是唐代李绛所说的话。这句话警策世人的意味深长，可以写下来作为我们的座右铭时时提醒自己。

二百一十一、庆殃难凭　人贵自立

尧、舜大圣，而生朱、均。瞽、鲧至愚，而生舜、禹。揆以余庆余殃之理，似觉难凭。然尧、舜之圣，初未尝因朱、均而灭。瞽、鲧之愚，亦不能因舜、禹而掩，所以人贵自立也。

---

①朱、均：尧之子丹朱，舜之子商均，均不肖。

②瞽（gǔ）、鲧（gǔn）：舜父瞽叟，曾与后母及舜弟害舜。禹父鲧，治水无功。

译文

尧和舜都是上古的圣贤，却生下丹朱和商均这样不肖的儿子。瞽和鲧都是极其愚昧的人，却生了舜和禹这样的圣人。若用善人遗及子孙德泽，恶人遗及子孙祸殃的道理来说，似乎很难说得通。然而尧、舜的圣明，并不因后代的不肖而有所毁损。瞽、鲧的愚昧，也无法被舜、禹的贤能所掩盖，所以说人最重要的是能够自立自强。

二百一十二、程子教人以静　朱子教人以敬

程子教人以静，朱子教人以敬，静者心不妄动之谓也，敬者心常惺惺之谓也。又况静能延寿，敬则日强，为学之功在是，养生之道亦在是，静敬之益人大矣哉，学者可不务乎？

① 惺惺：清醒，机灵。

译文

程子教人要沉静，朱子教人要持敬。沉静就是心不能起妄念，持敬就是心中时常保持清醒恭敬。更何况心不起妄念便可延年益寿，持敬便可让人日有精进，求取学问的关键功夫就在这里，养生的方法也在这里。沉静与持敬对人的好处如此之大，求学的人又怎么能不重视呢？

二百一十三、静而不作　循分守常

卜筮以龟筮为重，故必龟从筮从乃可言吉。若二者有一不从，或二者俱不从，则宜其有凶无吉矣。乃《洪范》稽疑之篇，则于龟从筮逆者，仍曰作内吉。于龟筮共违于人者，仍曰用静吉。是知吉凶在人，圣人之垂戒深矣。人诚能作内而不作外，用静而不用作，循分守常，斯亦安往而不吉哉！

① 卜筮（shì）：用龟甲占卦曰卜，以蓍草占卦曰筮。龟从筮从：龟卜和筮卜都顺从。

译文

在古代占卜时是以龟甲和蓍草为主要的工具，因此一定要龟卜及筮卜皆赞同，一件事才可称得上是吉祥之兆。如果龟和蓍中有一个不赞同，或是两者都不赞同，那么事情便是凶险而无吉兆了。但是《尚书》洪范稽疑篇中，则对于龟卜赞同、蓍草不赞同的情形，仍然视为“作内吉”。即使龟甲和蓍草占卜的结果都与人的意愿相违，仍然要说“用静吉”。由此可知，吉凶往往决定在自己，圣人已经教训得十分明白了。人只要能对内吉外凶的事情在内行之而不在外行之，对于完全与人相违的事守静而不做，安分守己，遵循常道，这样就会无往而不利了。

二百一十四、勤苦之人绝无痨疾　显达之士多出寒门

每见勤苦之人绝无痨疾，显达之士多出寒门，此亦盈虚消长之机，自然之理也。

① 痨疾：痨病，结核病。

② 盈虚消长：盈满就会走向亏损，消耗尽了就会转为增长。这就是物极必反的道理。

译文

常看到勤劳刻苦的人绝对不会得痨病，功名显达之人多出自贫苦的人家，这也可以被认为是盈则亏、消则长的自然道理。

二百一十五、欲利己　反害己

欲利己，便是害己；肯下人，终能上人。

① 下人：屈居人下。

译文

原本想要做对自己有利的事，却往往是害了自己。如果能甘于人下，最终往往能高居人上。

二百一十六、大孝难为　美才本德

古之克孝者多矣，独称虞舜为大孝，盖能为其难也；古之有才者众矣，独称周公为美才，盖能本于德也。

① 克孝：能够尽孝道。克，能。

译文

古代能够尽孝道的人很多，然而唯独称虞舜为大孝之人，是因为他能在孝道上做出常人所难以做到之事。自古以来有才能的人很多，然而单单称赞周公旦是美才，是因为周公能以自己高尚的品德为根本。

二百一十七、不能缩头休缩头　得放手时须放手

不能缩头者，且休缩头；可放手者，便须放手。

---

① 缩头：比喻不该逃避而逃避。

译文

在道义上不该逃避的事，就要勇敢面对不要逃避；在理智上应该可以放手不干的事，就要果断地放手。

二百一十八、居易俟命　木讷近仁

居易俟命，见危授命，言命者，总不外顺受其正；

木讷近仁，巧令鲜仁，求仁者，即可知从入之方。

---

① 易：平易，平时。俟：等待。

② 授：给予。

③ 顺受其正：顺天理正道而行，接受的便是正命。

④ 木讷：质朴迟钝，没有口才。

译文

君子在平日处于平易不危的境况以等待效命的时机来临，一旦国家有难便奉献自己的生命去挽救，讲究命运的人，总不外乎顺应天理正道而行；不善言辞就容易接近仁德，而花言巧语的人却往往没有什么仁心，寻求仁德的人，由此可以看出什么是求仁德的真正途径。

二百一十九、立大功者忽小利　谋公事者去私心

见小利，不能立大功；存私心，不能谋公事。

译文

只顾眼前蝇头小利的人，就不能成就大功业；心中存有自私念头的人，是不能为公众谋事的。

二百二十、正己为本　创业维艰

正己为率人之本，守成念创业之艰。

① 正己：端正自己。

译文

先端正自己的行为才能做别人的表率，在事业的守成阶段要念及当初创立事业的艰难。

二百二十一、做好人　存好心

在世无过百年，总要作好人、存好心，留个后代榜样；
谋生各有恒业，哪得管闲事、说闲话，荒我正经工夫。

① 恒业：恒久的事业。

译文

人活在世上也不过百年而已，我们总要做好人、心存善念，给后代做个学习的榜样；谋生养家的人们各有自己稳定的事业，哪里还有精力去管无聊的闲事、说无聊的闲话，以致荒废了正当工作。